PRÁTICA TRABALHISTA

elementos para a produção de peças processuais

SÉRIE ESTUDOS JURÍDICOS: DIREITO EMPRESARIAL E ECONÔMICO

inter
saberes

Ronald Silka de Almeida
Tatiana Lazzaretti Zempulski

Rua Clara Vendramin, 58 . Mossunguê . Cep 81200-170 . Curitiba . PR . Brasil
Fone: (41) 2106-4170 . www.intersaberes.com . editora@intersaberes.com

Conselho editorial Dr. Ivo José Both (presidente), Dr. Alexandre Coutinho Pagliarini, Drª Elena Godoy, Dr. Neri dos Santos, Dr. Ulf Gregor Baranow ▪ **Editora-chefe** Lindsay Azambuja ▪ **Gerente editorial** Ariadne Nunes Wenger ▪ **Assistente editorial** Daniela Viroli Pereira Pinto ▪ **Preparação de originais** Rodapé Revisões ▪ **Edição de texto** Letra & Língua Ltda. – ME, Monique Francis Fagundes Gonçalves ▪ **Capa** Luana Machado Amaro ▪ **Projeto gráfico** Mayra Yoshizawa ▪ **Diagramação e *designer* responsável** Luana Machado Amaro ▪ **Iconografia** Regina Claudia Cruz Prestes

Dados Internacionais de Catalogação na Publicação (CIP)
(Câmara Brasileira do Livro, SP, Brasil)

Almeida, Ronald Silka de
   Prática trabalhista: elementos para a produção de peças processuais/Ronald Silka de Almeida, Tatiana Lazzaretti Zempulski. Curitiba: InterSaberes, 2021.
   (Série Estudos Jurídicos: Direito Empresarial e Econômico)

   Bibliografia.
   ISBN 978-65-89818-72-4

   1. Direito do trabalho 2. Direito processual do trabalho 3. Direito processual do trabalho - Brasil 4. Peças processuais I. Zempulski, Tatiana Lazzaretti. II. Título III. Série.

21-65264   CDU-347.9:331

Índices para catálogo sistemático:
1. Direito processual do trabalho 347.9:331

Maria Alice Ferreira – Bibliotecária – CRB-8/7964

1ª edição, 2021.

Foi feito o depósito legal.

Informamos que é de inteira responsabilidade dos autores a emissão de conceitos.

Nenhuma parte desta publicação poderá ser reproduzida por qualquer meio ou forma sem a prévia autorização da Editora InterSaberes.

A violação dos direitos autorais é crime estabelecido na Lei n. 9.610/1998 e punido pelo art. 184 do Código Penal.

Sumário

7 ▪ *Apresentação*
13 ▪ *Introdução*

Capítulo 1
17 ▪ **Etapa inicial do processo trabalhista**
18 | Atendimento
23 | Contrato de honorários
26 | Procuração
34 | Requisitos da petição inicial: competências material e territorial
60 | Resposta do réu e reconvenção
82 | Audiência trabalhista e sentença
91 | Sentença

Capítulo 2
95 ▪ **Recursos trabalhistas**
96 | Classificação dos recursos em relação ao processo do trabalho
99 | Principiologia dos recursos
100 | Pressupostos recursais extrínsecos (ou objetivos) e intrínsecos (ou subjetivos)
105 | Embargos de declaração
111 | Recurso ordinário
116 | Recurso de revista
125 | Agravo de instrumento

131 | Agravo regimental e agravo interno
137 | Embargos no TST (infringência e divergência)
143 | Recurso extraordinário
149 | Recurso adesivo

Capítulo 3
155 ▪ **Execução no processo do trabalho**
157 | Princípios informativos da execução trabalhista
159 | Liquidação de sentença e manifestação a cálculos
162 | Embargos à execução
164 | Impugnação à conta de liquidação
165 | Exceção de pré-executividade
169 | Agravo de petição

Capítulo 4
175 ▪ **Ações especiais utilizadas no processo do trabalho**
176 | Embargos de terceiro
180 | Inquérito judicial para apuração de falta grave
184 | Ação de consignação em pagamento
187 | Ação de cumprimento
190 | Ação de interdito proibitório
193 | Mandado de segurança
199 | Ação rescisória

209 ▪ *Considerações finais*
211 ▪ *Lista de siglas*
213 ▪ *Referências*
219 ▪ *Sobre os autores*

Apresentação

Como especialistas que atuam na área trabalhista e desejam compartilhar um pouco da própria experiência profissional, escrevemos a presente obra com o objetivo de auxiliar estudantes e profissionais de direito na elaboração das peças processuais, principalmente no desenvolvimento das respectivas estruturas e no método de realizá-las.

O estudo da prática trabalhista constitui uma das partes mais importantes para aqueles que pretendem conhecer a área trabalhista e nela atuar, seja no âmbito consultivo, seja no âmbito contencioso, tendo em vista que é por meio dos requerimentos (petições) que buscamos demonstrar e garantir os direitos dos clientes.

Nesse sentido, compilamos aqui um caminho com subsídios que auxiliam no desenvolvimento de peças técnico-profissionais com segurança e desenvoltura para atender aos requisitos mínimos estabelecidos na norma legal.

No entanto, esta obra reúne não somente as peças processuais, mas também aspectos formais e conceituais básicos para o entendimento de alguns institutos aplicados na prática.

Vale observar que o processo do trabalho inserido nos arts. 763 a 910 da Consolidação das Leis do Trabalho (CLT), em razão de esse diploma legal ser lacunoso ou sucinto no que se refere a normas processuais, muitas vezes é socorrido pelo Código de Processo Civil (CPC) (Brasil, 1943; 2015).

Exemplo da utilização das normas do processo civil ao processo do trabalho ocorre, de imediato, na principal peça processual do profissional, que é a petição inicial. Basta observar o parágrafo 1º do art. 840 da CLT, que relaciona os requisitos mínimos que devem constar na petição inicial, para uma elaboração adequada, com base na qualificação das partes conforme dispõe o art. 319 do CPC (Brasil, 1943; 2015).

O processo do trabalho vem sendo lentamente modificado e aprimorado: a última alteração ocorreu com o advento da Lei n. 13.467, de 13 de julho de 2017 (Lei da Reforma Trabalhista), que trouxe inovações como a inserção do parágrafo 1º ao art. 840 da CLT, que assim prevê: "o pedido deverá ser certo, determinado e com indicação de valor" (Brasil, 1943; 2017). Trata-se de uma das questões mais polêmicas, tanto é que foi objeto da Ação Direta de Inconstitucionalidade n. 6.002/DF perante o Supremo Tribunal Federal (STF) (Brasil, 2020), ajuizada pelo Conselho Federal da Ordem dos Advogados do Brasil (OAB), que questiona a exigência de indicação do valor do pedido na reclamação trabalhista.

Outra alteração importante foi a inserção do art. 793-A a D na CLT, também pela Lei n. 13.467/2017, o qual trata da responsabilidade por dano processual, demandando, portanto, que o profissional, ao elaborar a peça processual, seja ainda mais diligente, de modo a evitar a condenação como litigante de má fé. Diante de questões como essas, entre outras relacionadas à fase recursal, é que se revela fundamental elaborar com clareza e objetividade as peças processuais.

Além das constantes modificações legislativas, é essencial a observância da jurisprudência do Tribunal Superior do Trabalho (TST), com a edição de suas súmulas e orientações jurisprudenciais.

Uma vez que atuar em uma área especializada acarreta algumas dificuldades, temos aqui, então, um grande desafio. No entanto, precisamos, sempre quando somos apresentados a um caso concreto, realizar uma análise dos fatos e das provas que vão embasar, extra ou judicialmente, o pleito.

O acordo extrajudicial e a quitação do contrato de trabalho sem assistência do sindicato da categoria foram regulamentados pela Reforma Trabalhista e, agora, fazem parte da rotina do profissional.

Para cumprir nosso objetivo, dividimos este livro em quatro capítulos que abordam as principais peças utilizadas na prática trabalhista.

No Capítulo 1, direcionamos o estudo para a análise das peças que envolvem a fase extrajudicial; o atendimento ao cliente (entrevista); a elaboração da procuração e do contrato de honorários; e a de conhecimento do processo do trabalho: petição inicial, resposta do réu e reconvenção, exceções em razão do local e de suspeição, aspectos da audiência trabalhista inicial e de prosseguimento e análise da sentença.

No Capítulo 2, examinamos os recursos em prática trabalhista, com breve apresentação da classificação deles em relação ao processo do trabalho, bem como dos princípios que envolvem a elaboração dos pedidos de revisão. Ainda, exploramos os pressupostos recursais, elementos essenciais do processo, bem como o esquema dos principais recursos: embargos de declaração, recurso ordinário, recurso de revista, agravo de instrumento, agravo regimental ou interno, embargos no TST, recurso extraordinário e recurso adesivo.

No Capítulo 3, tratamos da execução no processo do trabalho com a apresentação das principais peças utilizadas. Iniciamos com uma breve exposição dos princípios que norteiam a execução trabalhista, para, em seguida, abordar os seguintes pontos: liquidação da sentença e manifestação sobre os cálculos; elaboração de artigos de liquidação; embargos à execução; impugnação à conta de liquidação; exceção de pré-executividade; e agravo de petição.

No Capítulo 4, dedicamo-nos à análise de ações especiais utilizadas na prática trabalhista, tais como: embargos de terceiro; inquérito judicial para apuração de falta grave; ação de consignação em pagamento; ação de cumprimento; ação de interdito proibitório; mandado de segurança; e ação rescisória.

Boa leitura!

Introdução

Ao investigarmos a prática trabalhista, muitas vezes nos deparamos com a realidade de milhares de ações trabalhistas tramitando perante a Justiça do Trabalho.

A Justiça do Trabalho é um ramo especializado do Poder Judiciário que tem competência para julgar as lides decorrentes da relação de trabalho e emprego. Desde o surgimento desse ramo do Judiciário até o advento da Lei n. 13.467, de 13 de julho de 2017, a chamada *Reforma Trabalhista*, muitas modificações ocorreram. A principal delas, que trouxe grande impacto na área, foi a possibilidade de condenação do empregado ao pagamento de honorários de sucumbência.

Com base nisso, a análise prévia do caso concreto deve ser voltada para a vistoria de documentos e o exame de possibilidade de produção de provas. É preciso averiguar o caso concreto, verificar a lei aplicável e a viabilidade de provar as alegações do trabalhador, com vistas a definir, assim, a forma pela qual será elaborada a defesa do empregador, seja por meio de documentos, seja pelo relato de testemunhas. Sempre é possível realizar um acordo, tanto que a Justiça do Trabalho utiliza o *slogan* "Conciliar é legal". Além disso, é preciso lembrar que se trata do direito de outrem, razão pela qual é muito importante que o profissional seja diligente e ético.

Nesse sentido, nesta obra, apresentamos as principais peças processuais utilizadas na prática trabalhista, a fim de contribuir com os estudos e a formação do profissional da área jurídica.

Portanto, o estudo prático aqui proposto visa abordar a forma e a utilização das normas éticas na elaboração das peças processuais, mormente pelo fato de que estas são redigidas pela união dos conhecimentos material e processual em vista do relatado pelo cliente.

A pesquisa e a compilação dos dados foram efetuadas com base na doutrina, na jurisprudência e na legislação: Constituição Federal de 1988, Consolidação da Leis do Trabalho já com as atualizações implementadas pela Lei n. 13.467/2017, Código de Processo Civil, entre outras.

O relato processual deve ser exato e claro para que o juiz possa conhecer o direito pleiteado, apreciar as provas apresentadas pelas partes e, por fim, julgar a causa. Ressaltamos, por fim, que há a possibilidade de revisão da sentença por meio dos recursos cabíveis e, após o trânsito em julgado da sentença, a oportunidade de cumpri-la, liquidá-la e executá-la.

Capítulo 1

*Etapa inicial
do processo trabalhista*

Neste capítulo, dedicamo-nos aos trâmites iniciais do processo trabalhista, em que analisamos desde a fase pré-processual, de atendimento ao cliente, até a elaboração da procuração e do contrato, para, então, na sequência, adentrarmos a petição inicial, seus requisitos internos e externos, de forma detalhada e em conformidade com os pressupostos processuais, direcionando corretamente os pedidos do reclamante (autor) a fim de que o Estado atenda à sua demanda e efetivamente realize a entrega jurisdicional.

— 1.1 —
Atendimento

A fase essencial na vida do profissional é o atendimento técnico ao cliente, uma vez que se trata do momento em que o advogado efetuará o primeiro contato com os anseios e as aspirações de seu pretenso contratante e outorgante.

Utilizamos a expressão *pretenso* no sentido de futuro, pois, desde já, alertamos para o fato de que a realização da entrevista nem sempre significa que o consulente se tornará de fato cliente. Isso, porém, não impede que se proceda a uma entrevista atenciosa e detalhada.

Dessa forma, sugerimos agendar um horário para a realização da entrevista, observadas as respectivas disponibilidades, do profissional e do cliente, com vistas a obter as informações imprescindíveis para o desenvolvimento do futuro processo.

Elemento importante na atual conjuntura da informatização é solicitar que sejam desligados os aparelhos telemáticos, a fim de evitar interrupções e problemas com a continuidade das informações, mas nada impede que a entrevista seja gravada, desde que com a anuência das partes.

O cuidado deve ser intenso não somente porque, com uma razoável quantidade de informações, pode ser desenvolvida uma excelente petição inicial, mas também porque, se colocadas informações na petição inicial que não condizem com a realidade probatória, o profissional pode ser responsabilizado por dano processual nos termos do art. 793-A a D da CLT:

> Art. 793-A. Responde por perdas e danos aquele que litigar de má-fé como reclamante, reclamado ou interveniente.
>
> Art. 793-B. Considera-se litigante de má-fé aquele que:
>
> I – deduzir pretensão ou defesa contra texto expresso de lei ou fato incontroverso;
>
> II – alterar a verdade dos fatos;
>
> III – usar do processo para conseguir objetivo ilegal
>
> IV – opuser resistência injustificada ao andamento do processo;
>
> V – proceder de modo temerário em qualquer incidente ou ato do processo;
>
> VI – provocar incidente manifestamente infundado;
>
> VII – interpuser recurso com intuito manifestamente protelatório.

Art. 793-C. De ofício ou a requerimento, o juízo condenará o litigante de má-fé a pagar multa, que deverá ser superior a 1% (um por cento) e inferior a 10% (dez por cento) do valor corrigido da causa, a indenizar a parte contrária pelos prejuízos que esta sofreu e a arcar com os honorários advocatícios e com todas as despesas que efetuou.

§ 1º Quando forem dois ou mais os litigantes de má-fé, o juízo condenará cada um na proporção de seu respectivo interesse na causa ou solidariamente aqueles que se coligaram para lesar a parte contrária.

§ 2º Quando o valor da causa for irrisório ou inestimável, a multa poderá ser fixada em até duas vezes o limite máximo dos benefícios do Regime Geral de Previdência Social.

§ 3º O valor da indenização será fixado pelo juízo ou, caso não seja possível mensurá-lo, liquidado por arbitramento ou pelo procedimento comum, nos próprios autos.

Art. 793-D. Aplica-se a multa prevista no art. 793-C desta Consolidação à testemunha que intencionalmente alterar a verdade dos fatos ou omitir fatos essenciais ao julgamento da causa. (Brasil, 1943)

Alertamos para o fato de que o advogado pode responder solidariamente com seu cliente em caso de lide temerária, consoante o disposto no Estatuto do Advogado, Lei n. 8.906, de 4 de julho de 1994, arts. 32 e 33:

Art. 32. O advogado é responsável pelos atos que, no exercício profissional, praticar com dolo ou culpa.

Parágrafo único. Em caso de lide temerária, o advogado será solidariamente responsável com seu cliente, desde que coligado com este para lesar a parte contrária, o que será apurado em ação própria.

Art. 33. O advogado obriga-se a cumprir rigorosamente os deveres consignados no Código de Ética e Disciplina.

Parágrafo único. O Código de Ética e Disciplina regula os deveres do advogado para com a comunidade, o cliente, o outro profissional e, ainda, a publicidade, a recusa do patrocínio, o dever de assistência jurídica, o dever geral de urbanidade e os respectivos procedimentos disciplinares. (Brasil, 1994)

Logo, o atendimento ao cliente é o ato que precede a propositura da ação, e este deve ser revestido de atenção e cuidado. Para isso, alguns quesitos devem ser efetuados e respondidos de plano, tais como:

- 1º Quem é o cliente?
- 2º O que o cliente deseja?
- 3º Por quê?
- 4º Qual é a fase processual envolvida?
- 5º É urgente?

Com base nesses questionamentos, na sequência do atendimento devem ser feitos outros mais específicos. Para auxiliar nessa tarefa de suma importância, apresentamos, a seguir, pequena sugestão de formulário para entrevista.

Quadro 1.1 – Modelo de formulário de entrevista ao cliente

Nome:

Endereço:

Profissão:

Documentos: [Identidade, CTPS, PIS, CPF]

Identificação do empregador:

Nome ou razão social:

Endereço completo do empregador:

Período de trabalho, data de início e término do contrato de trabalho (se for o caso):

- Foi devidamente registrado na CTPS?
- Quais eram as atividades desenvolvidas?
- Qual era a forma de pagamento do salário?
- Qual era a jornada de trabalho? Em quais dias da semana laborava?
- Usufruiu dos dias de férias? Recebeu a remuneração de férias mais abono?
- Recebeu o 13º salário?
- Os salários eram pagos no prazo legal? Quando e de que forma eram pagos?
- Havia equiparação salarial com outro empregado? Qual é o nome do paradigma? Quais eram as atividades e qual era período de trabalho do paradigma?
- Trabalhava em condições insalubres ou perigosas?
- Sofreu algum acidente de trabalho? Ficou afastado?
- Apresenta alguma sequela decorrente do acidente? Teve despesas? Se sim, quem pagou?
- Participava da Cipa ou de comissões de representação dos empregados?
- Era dirigente sindical? [verificar as possibilidades de estabilidade provisória]

(continua)

(Quadro 1.1 – conclusão)

- Dano moral, sofreu alguma espécie de assédio? Com que frequência? Quem era o assediador?
- [Entre outras perguntas que se fizerem necessárias.]

Data, local, assinatura do consulente confirmando as informações constantes do formulário de entrevista.

Assim, observamos a importância dessa primeira etapa da entrevista, uma vez que reúne subsídios para a elaboração dos fatos a serem inseridos na petição inicial.

— 1.2 —
Contrato de honorários

O contrato de honorários nada mais é do que um dos tipos de acordo de vontade possíveis em nosso sistema jurídico. Nesse caso, ele deve revestir-se de licitude, as partes devem ser capazes e o objeto deve ser possível de realizar. Como a maioria dos contratos, ele pode ser verbal ou escrito. Recomendamos que seja elaborado pelo profissional junto ao seu cliente: "na falta de estipulação ou de acordo os honorários são fixados por arbitramento judicial" (art. 22, § 2º, da Lei n. 8.906/1994 – Brasil, 1994).

A existência do contrato escrito evita dificuldades para provar o que foi acordado e facilita o pagamento dos honorários decorrentes das ações trabalhistas quando se emitem guias de retiradas ou alvarás, caso no qual o advogado, tendo apresentado o contrato nos autos, viabiliza o recebimento diretamente em juízo, consoante se depreende do disposto no parágrafo 4º do art. 22 da Lei n. 8.906/1994: "Se o advogado fizer juntar aos autos o seu contrato de honorários antes de expedir-se o mandado de levantamento ou precatório, o juiz deve determinar que lhe sejam pagos diretamente, por dedução da quantia a ser recebida pelo constituinte, salvo se este provar que já os pagou" (Brasil, 1994).

Importante é, ainda, observar que o art. 24 da Lei n. 8.906/1994 estabelece que "o contrato escrito que estipula os honorários advocatícios são títulos executivos e constituem crédito privilegiado na falência, concordata, concurso de credores, insolvência civil e liquidação extrajudicial" (Brasil, 1994). E o parágrafo 1º do mesmo dispositivo prevê que "A execução dos honorários pode ser promovida nos mesmos autos da ação em que tenha atuado o advogado, se assim lhe convier" (Brasil, 1994).

Com relação ao prazo prescricional para cobrança de honorários advocatícios, o art. 25 do Estatuto da Advocacia estipula que é de 5 anos, contados: "I – do vencimento do contrato, se houver; II – do trânsito em julgado da decisão que os fixar; III – da ultimação do serviço extrajudicial; IV – da desistência ou transação; V – da renúncia ou revogação do mandato" (Brasil, 1994).

Alertamos que, de acordo com o art. 25-A do mesmo diploma legal, "prescreve em cinco anos a ação de prestação de contas pelas quantias recebidas pelo advogado de seu cliente, ou de terceiros por conta dele (art. 34, XXI)" (Brasil, 1994).

Quadro 1.2 – Modelo de contrato de honorários

CONTRATO DE HONORÁRIOS

Pelo presente instrumento particular de contrato de honorários, [NOME DO ADVOGADO(a)], **ora denominado(a) contratado(a)**, [nacionalidade], advogado(a), inscrito(a) na Ordem dos Advogados do Brasil, Seção do [Estado], sob n._____, com escritório na Rua/Av. _____, n. _____, bairro _____, [Cidade], [UF], CEP _____. Convenciona e contrata com:

[NOME DO CLIENTE] **ora denominado(a) contratante**, [nacionalidade], [estado civil], [profissão], RG n. _____/[UF], CPF n. _____, PIS n. _____, CTPS n. _____, série n. _____/[UF], residente e domiciliado na Rua/Av. _____, n. _____, bairro _____, [Cidade], [UF], CEP _____.

1. O(a) advogado(a) contratado(a) obriga-se, em razão do mandato judicial que lhe foi outorgado, a prestar seus serviços profissionais na defesa dos direitos de seu contratante, desincumbindo-se com zelo e atividade de seu encargo, em qualquer juízo, instância ou tribunal.
2. Em remuneração desses serviços, o(a) advogado(a) contratado(a) receberá do contratante os honorários líquidos e certos que serão pagos da seguinte maneira:
    2.1. O percentual de _____% (_____ por cento), em caso de acordo e/ou sobre o total recebido mesmo em acordo, já incluídos os honorários do Sr. Contador, que apresentará e acompanhará os cálculos de execução, caso a lide chegue à fase de execução.
    a. Em caso de recebimento ao término do processo no percentual de _____%.
    b. Na hipótese de o contratante não receber qualquer quantia proveniente da ação proposta, a contratada nada cobrará a título de honorários advocatícios.
    c. Caso o contratante deixe de comparecer às audiências designadas e em virtude dessa ausência a ação for julgada totalmente improcedente, aquele pagará ao contratado a quantia de dois salários mínimos pelos serviços prestados.

(continua)

(Quadro 1.2 – conclusão)

3. Ao contratante caberá o pagamento das custas e despesas que forem necessárias para andamento da ação, bem como o fornecimento dos documentos e das informações que o(a) advogado(a) ora contratado(a) solicitar, responsabilizando-se integralmente por perdas e danos em caso de litigância de má-fé e demais cominações previstas nos arts. 793-A, B, C e D da CLT.
4. O total dos honorários advocatícios poderá ser exigido imediatamente, se houver composição amigável, realizada por qualquer das partes litigantes, ou no caso do não prosseguimento da ação por qualquer circunstância não determinada pelo(a) advogado(a) contratado(a), ou, ainda, se lhe for cassado o mandato sem culpa do mesmo advogado.
5. As partes contratantes elegem o foro desta cidade de Curitiba, Paraná, para dirimir qualquer ação oriunda deste contrato.

E, por estarem assim justos e contratados, assinam o presente em duas vias de igual teor e forma.

[Local], [dia] de [mês] de [ano].

[Nome do advogado(a) – OAB/[UF] n. _____]
Contratado(a)

[Nome do contratante]
Contratante

— 1.3 —

Procuração

Trata-se do instrumento legal que pode ser lavrado em cartório (instrumento público) ou de forma particular, também denominado *mandato*, mediante o qual uma ou mais pessoas outorgam poderes a outrem para que este, o outorgado, possa agir em nome do outorgante.

Na procuração, há delegação de poderes e autorização para que o outorgado, mandatário ou procurador pratique atos como se fossem praticados pelo próprio mandante. Trata-se de um contrato previsto no art. 653 do Código Civil: "opera-se o mandato quando alguém recebe de outrem poderes para, em seu nome, praticar atos ou administrar interesses. A procuração é o instrumento do mandato" (Brasil, 2002).

Com relação à capacidade para a outorga da procuração, o art. 654 do Código Civil dispõe: "todas as pessoas capazes são aptas para dar procuração mediante instrumento particular, que valerá desde que tenha a assinatura do outorgante" (Brasil, 2002).

Entretanto, salientamos que o menor entre 14 e 18 anos deve ter a assistência de um representante para o ingresso em juízo, conforme disciplina o art. 793 da CLT: "a reclamação trabalhista do menor de 18 anos será feita por seus representantes legais e, na falta destes, pela Procuradoria da Justiça do Trabalho, pelo sindicato, pelo Ministério Público estadual ou curador nomeado em juízo" (Brasil, 1943).

Portanto, o mandato a ser outorgado ao advogado, em caso do menor entre 14 e 18 anos, deve ter a assistência do representante legal do cliente.

No que se refere aos elementos essenciais do mandato por instrumento particular, o parágrafo 1º do art. 654 do Código Civil estabelece que "deve conter a indicação do lugar onde foi passado, a qualificação do outorgante e do outorgado, a data e o objetivo da outorga com a designação e a extensão dos poderes conferidos" (Brasil, 2002).

Quanto ao reconhecimento de firma na procuração, não há exigência para a propositura da demanda trabalhista, mas, de acordo com o parágrafo 2º do referido art. 654 do Código Civil, o "terceiro com quem o mandatário tratar poderá exigir que a procuração traga a firma reconhecida" (Brasil, 2002).

O outorgado pode substabelecer os poderes do mandato, com ou sem reserva de poderes, desde que no instrumento haja previsão explícita para tal, conforme preceitua o art. 667, parágrafo 2º, do Código Civil: "Havendo poderes de substabelecer, só serão imputáveis ao mandatário os danos causados pelo substabelecido, se tiver agido com culpa na escolha deste ou nas instruções dadas a ele" (Brasil, 2002).

O Tribunal Superior do Trabalho (TST), por intermédio da Súmula n. 395, posicionou-se sobre as condições de validade do mandato e substabelecimento:

> MANDATO E SUBSTABELECIMENTO. CONDIÇÕES DE VALIDADE
>
> I – Válido é o instrumento de mandato com prazo determinado que contém cláusula estabelecendo a prevalência dos poderes para atuar até o final da demanda (§ 4º do art. 105 do CPC de 2015). (ex -OJ nº 312 da SBDI-1–DJ 11.08.2003)
>
> II – Se há previsão, no instrumento de mandato, de prazo para sua juntada, o mandato só tem validade se anexado ao processo o respectivo instrumento no aludido prazo. (ex-OJ nº 313 da SBDI-1–DJ 11.08.2003)

III – São válidos os atos praticados pelo substabelecido, ainda que não haja, no mandato, poderes expressos para substabelecer (art. 667, e parágrafos, do Código Civil de 2002). (ex-OJ nº 108 da SBDI-1-inserida em 01.10.1997)

IV – Configura-se a irregularidade de representação se o substabelecimento é anterior à outorga passada ao substabelecente. (ex-OJ nº 330 da SBDI-1-DJ 09.12.2003)

V – Verificada a irregularidade de representação nas hipóteses dos itens II e IV, deve o juiz suspender o processo e designar prazo razoável para que seja sanado o vício, ainda que em instância recursal (art. 76 do CPC de 2015). (Brasil, 2017c)

O Código Civil, em seu art. 656, dispõe que "o mandato pode ser expresso ou tácito, verbal ou escrito" (Brasil, 2002). Entretanto, o advogado, para estar em juízo em nome do outorgado, deve estar devidamente munido do instrumento de mandato (arts. 103, 104 e 105 do Código de Processo Civil – CPC), com poderes especiais (*ad judicia*), conforme determina o disposto no art. 5º da Lei n. 8.906/1994:

> O advogado postula, em juízo ou fora dele, fazendo prova do mandato.
>
> § 1º O advogado, afirmando urgência, pode atuar sem procuração, obrigando-se a apresentá-la no prazo de quinze dias, prorrogável por igual período.
>
> § 2º A procuração para o foro em geral habilita o advogado a praticar todos os atos judiciais, em qualquer juízo ou instância, salvo os que exijam poderes especiais.

§ 3º O advogado que renunciar ao mandato continuará, durante os dez dias seguintes à notificação da renúncia, a representar o mandante, salvo se for substituído antes do término desse prazo. (Brasil, 1994)

Importante também destacar que o mandato está previsto no CPC, conforme estabelecem os arts. 103, 104 e 105:

> Art. 103. A parte será representada em juízo por advogado regularmente inscrito na Ordem dos Advogados do Brasil.
>
> Parágrafo único. É lícito à parte postular em causa própria quando tiver habilitação legal.
>
> Art. 104. O advogado não será admitido a postular em juízo sem procuração, salvo para evitar preclusão, decadência ou prescrição, ou para praticar ato considerado urgente.
>
> § 1º Nas hipóteses previstas no caput, o advogado deverá, independentemente de caução, exibir a procuração no prazo de 15 (quinze) dias, prorrogável por igual período por despacho do juiz.
>
> § 2º O ato não ratificado será considerado ineficaz relativamente àquele em cujo nome foi praticado, respondendo o advogado pelas despesas e por perdas e danos.
>
> Art. 105. A procuração geral para o foro, outorgada por instrumento público ou particular assinado pela parte, habilita o advogado a praticar todos os atos do processo, exceto receber

citação, confessar, reconhecer a procedência do pedido, transigir, desistir, renunciar ao direito sobre o qual se funda a ação, receber, dar quitação, firmar compromisso e assinar declaração de hipossuficiência econômica, que devem constar de cláusula específica.

§ 1º A procuração pode ser assinada digitalmente, na forma da lei.

§ 2º A procuração deverá conter o nome do advogado, seu número de inscrição na Ordem dos Advogados do Brasil e endereço completo.

§ 3º Se o outorgado integrar sociedade de advogados, a procuração também deverá conter o nome dessa, seu número de registro na Ordem dos Advogados do Brasil e endereço completo.

§ 4º Salvo disposição expressa em sentido contrário constante do próprio instrumento, a procuração outorgada na fase de conhecimento é eficaz para todas as fases do processo, inclusive para o cumprimento de sentença. (Brasil, 2015)

Alertamos para o fato de que os poderes de transigir, receber e dar quitação não estão inclusos nos poderes da cláusula *ad judicia* para o foro em geral, contexto no qual os referidos poderes devem estar expressos no instrumento de mandato.

Com base nisso, apresentamos um modelo de procuração a ser utilizada pelo profissional.

Quadro 1.3 – Modelo de procuração

PROCURAÇÃO

OUTORGANTE: [NOME DO CLIENTE], [qualificação]

OUTORGADO: [NOME DO ADVOGADO(A)], [qualificação]

Pelo presente instrumento particular e pela melhor forma de direito, o(s) outorgante(s) nomeia(m) e constituem o outorgado acima o seu bastante procurador, a quem confere(m) amplos poderes para o foro em geral, com a cláusula *ad-judicia*, em qualquer juízo, instância ou tribunal, podendo propor contra quem de direito as ações competentes e defendê-lo(s) nas contrárias, seguindo umas e outras, até final decisão, usando os recursos legais e acompanhando-os, conferindo-lhe, ainda, poderes especiais para confessar, desistir, transigir, firmar compromissos ou acordos, receber e dar quitação, podendo substabelecer esta em outrem, com ou sem reserva de iguais poderes, dando tudo por bem, firme e valioso, outorgada especialmente para: efetuar _____.

Local e data

Outorgante [nome completo e assinatura]

A seguir, no Quadro 1.4, exemplificamos, de maneira sintética, em passo a passo, o conteúdo processual concernente a toda a fase de atendimento.

Quadro 1.4 – Resumo da fase de atendimento

Fase	Ocorrência
Atendimento	1º) Quem é o cliente?
	2º) O que o cliente deseja?
	3º) Por quê?
	4º) Qual é a fase processual envolvida?
	5º) É urgente?

(continua)

(Quadro 1.4 – conclusão)

Fase	Ocorrência
Contrato de honorários	Elementos: 1. Contratante 2. Contratado 3. Finalidade Cláusulas *ad judicia* **Poderes especiais**: transigir, receber e dar quitação **Arts. 103 a 112, CPC** 4. Honorários **Atenção:** **Estatuto do Advogado: Lei n. 8.906/1994, Arts. 22 a 26** Lei n. 5.584/1970 **CLT, art. 791-A** **CPC, art. 82 e seguintes.** 5. Atuar em que fases processuais 6. Responsabilidade por dano processual **Art. 793-A, B, C e D, da CLT.**
Procuração **Arts. 791 a 791-A**	Elementos: 1. Outorgante 2. Outorgado 3. Finalidade Cláusulas *ad judicia* **Poderes especiais**: transigir, receber e dar quitação

— 1.4 —
Requisitos da petição inicial: competências material e territorial

A petição inicial é um requerimento de extrema importância, pois é por meio dela que se postula em juízo a prestação jurisdicional. Assim, uma vez que é preciso explicar os fatos, trazer o direito infringido decorrente do conflito não resolvido extrajudicialmente e elaborar os pedidos e requerimentos, ela deve ser desenvolvida com muita cautela.

> A petição inicial é uma das peças mais importantes do processo. É dela que irão decorrer as demais consequências do processo. Por isso, deve ser redigida cuidadosamente, de modo que, não só a parte contrária entenda perfeitamente, como também o juiz ao proferir a sentença compreenda o que está sendo postulado pelo autor. (Martins, 2020, p. 350)

Dessa forma, é importante destacar que a petição inicial deve seguir um encadeamento lógico, com a descrição de fatos e fundamentos jurídicos que chegam a uma conclusão, na qual deve ser indicado o pedido com a indicação dos valores estimados para cada uma das verbas postuladas (Martins, 2020).

Para a elaboração da petição inicial trabalhista, deve ser feita a análise de seus requisitos, seguindo exatamente os arts. 840 da CLT e 319 a 320 do CPC. No entanto, para tal, faz-se necessário, também, verificar pontos fundamentais decorrentes dos institutos das competências material e territorial que envolvam os trâmites do processo do trabalho.

Vale relembrar que a ação é o mecanismo de provocação do ente estatal por meio do qual a jurisdição se manifesta: é "o poder-dever de declarar, de maneira imparcial e irrecusável, com quem se encontra o direito disputado" (Teixeira Filho, 2009, p. 640).

Entretanto, para que efetue de forma eficaz a entrega jurisdicional, o Estado deve ter em mãos elementos suficientes e corretos para que assim o faça, razão pela qual há necessidade de observância dos requisitos legais para a formulação da petição inicial.

Junto à petição inicial, deve o reclamante (autor) juntar todos os documentos pertinentes à ação, conforme determina o art. 320 do CPC.

— 1.5.1 —
Requisitos da petição inicial trabalhista

Os requisitos da petição inicial trabalhista, também denominada de *reclamação*, encontram-se no art. 840, parágrafo 1º, da CLT, que assim disciplina:

> Art. 840. A reclamação poderá ser escrita ou verbal.
>
> § 1º Sendo escrita, a reclamação deverá conter a designação do juízo, a qualificação das partes, a breve exposição dos fatos de

que resulte o dissídio, o pedido, que deverá ser certo, determinado e com indicação de seu valor, a data e a assinatura do reclamante ou de seu representante. (Brasil, 1943)

Ressaltamos que, conforme o disposto no art. 319 do CPC, a elaboração da petição inicial deve seguir o dispositivo legal, que traz um *checklist*, ou seja, um passo a passo dos requisitos indispensáveis na confecção da petição inicial. Vejamos o que diz o mencionado artigo sobre isso:

> Art. 319. A petição inicial indicará:
>
> I – o juízo a que é dirigida;
>
> II – os nomes, os prenomes, o estado civil, a existência de união estável, a profissão, o número de inscrição no Cadastro de Pessoas Físicas ou no Cadastro Nacional da Pessoa Jurídica, o endereço eletrônico, o domicílio e a residência do autor e do réu;
>
> III – o fato e os fundamentos jurídicos do pedido;
>
> IV – o pedido com as suas especificações;
>
> V – o valor da causa;
>
> VI – as provas com que o autor pretende demonstrar a verdade dos fatos alegados;
>
> VII – a opção do autor pela realização ou não de audiência de conciliação ou de mediação. (Brasil, 2015)

A seguir, vamos explicar cada um dos requisitos previstos no art. 319 do CPC, combinado com o art. 840 da CLT.

Competência material

Antes do ajuizamento da petição inicial, é necessário analisar se a Justiça do Trabalho é o ramo do Poder Judiciário competente para o ajuizamento da ação trabalhista, chamada de *reclamatória trabalhista*.

Questionamentos orientadores

- A reclamação é decorrente de um contrato de trabalho?
- É possível ajuizar uma reclamação contra o sindicato da categoria por ter feito um desconto indevido?
- A diarista que pleiteia o reconhecimento de vínculo empregatício com sua empregadora pode ajuizar reclamação na Justiça do Trabalho?
- Se o empregador não vem pagando os salários nos últimos três meses, é possível ajuizar uma reclamação com vistas à extinção do contrato de trabalho?

Portanto, um elemento essencial para a propositura da reclamação trabalhista é analisar a matéria, que é a competência material, que vem disciplinada no art. 114 da Constituição Federal de 1988:

Art. 114. Compete à Justiça do Trabalho processar e julgar:

I – as ações oriundas da relação de trabalho, abrangidos os entes de direito público externo e da administração pública direta e indireta da União, dos Estados, do Distrito Federal e dos Municípios;

II – as ações que envolvam exercício do direito de greve;

III – as ações sobre representação sindical, entre sindicatos, entre sindicatos e trabalhadores, e entre sindicatos e empregadores;

IV – os mandados de segurança, *habeas corpus* e *habeas data*, quando o ato questionado envolver matéria sujeita à sua jurisdição;

V – os conflitos de competência entre órgãos com jurisdição trabalhista, ressalvado o disposto no art. 102, I, o;

VI – as ações de indenização por dano moral ou patrimonial, decorrentes da relação de trabalho;

VII – as ações relativas às penalidades administrativas impostas aos empregadores pelos órgãos de fiscalização das relações de trabalho;

VIII – a execução, de ofício, das contribuições sociais previstas no art. 195, I, a, e II, e seus acréscimos legais, decorrentes das sentenças que proferir;

IX – outras controvérsias decorrentes da relação de trabalho, na forma da lei. (Brasil, 1988)

Sobre o assunto, ensinam Enoque Ribeiro dos Santos e Ricardo Antônio Bittar Hajel Filho (2018, p. 161):

A competência de um determinado órgão jurisdicional é fixada, tradicionalmente, com fulcro em três critérios: objetivo, funcional e territorial. Objetivo – que engloba a competência material e a competência em razão do valor da causa, ou seja, ambas levam em consideração os elementos da demanda. O critério em razão da matéria se pauta na relação jurídica substancial controvertida. Fundamenta-se na causa de pedir, pois esta apresenta os fatos narrados e os fundamentos de direito material que serão pleiteados na demanda, isto é, a natureza do conflito, como, por exemplo, matérias cíveis, criminais e envolvendo relações de trabalho.

Ainda com relação à competência material, é interessante destacar a Súmula n. 392 do TST, que dispõe:

> Nos termos do art. 114, inc. VI, da Constituição da República, a Justiça do Trabalho é competente para processar e julgar ações de indenização por dano moral e material, decorrentes da relação de trabalho, inclusive as oriundas de acidente de trabalho e doenças a ele equiparadas, ainda que propostas pelos dependentes ou sucessores do trabalhador falecido. (Brasil, 2017c)

Com base nisso, é essencial verificar se o caso concreto é decorrente de uma relação de trabalho ou de emprego para a proposição da ação perante a Justiça do Trabalho.

Competência territorial

A competência territorial tem por objetivo determinar a vara em que deve ser proposta a demanda. Conforme ensinam Santos e Hajel Filho (2018, p. 157) a competência da vara "é determinada com base na circunscrição geográfica sobre a qual atua o órgão jurisdicional".

Questionamentos orientadores

- Qual é o local da prestação de serviços?
- Onde foi firmado o contrato de trabalho?

O local para o ajuizamento da reclamação trabalhista é fixado pelo art. 651 da CLT, cuja regra geral é o local da prestação de serviços, conforme estabelece o *caput* do mencionado artigo, em cujos parágrafos estão previstas as exceções, a saber:

> Art. 651. A competência das Juntas de Conciliação e Julgamento (Varas) é determinada pela localidade onde o empregado, reclamante ou reclamado, prestar serviços ao empregador, ainda que tenha sido contratado noutro local ou no estrangeiro.
>
> § 1º Quando for parte de dissídio agente ou viajante comercial, a competência será da Junta da localidade em que a empresa

tenha agência ou filial e a esta o empregado esteja subordinado e, na falta, será competente a Junta da localização em que o empregado tenha domicílio ou a localidade mais próxima.

§ 2º A competência das Juntas de Conciliação e Julgamento, estabelecida neste artigo, estende-se aos dissídios ocorridos em agência ou filial no estrangeiro, desde que o empregado seja brasileiro e não haja convenção internacional dispondo em contrário.

§ 3º Em se tratando de empregador que promova realização de atividades fora do lugar do contrato de trabalho, é assegurado ao empregado apresentar reclamação no foro da celebração do contrato ou no da prestação dos respectivos serviços. (Brasil, 1943)

Nesse sentido dispõe a Orientação Jurisprudencial n. 149 da SBDI-2 do TST: "Não cabe declaração de ofício de incompetência territorial no caso do uso, pelo trabalhador, da faculdade prevista no art. 651, § 3º, da CLT. Nessa hipótese, resolve-se o conflito pelo reconhecimento da competência do juízo do local onde a ação foi proposta" (Brasil, 2008a).

Destacamos que, com relação à competência em razão do local, ocorrendo controvérsia, não concordando a parte adversa (reclamante/réu), a Lei n. 13.467/2017 regulamentou o incidente de exceção de incompetência territorial nos termos do art. 800 da CLT.

Designação do juízo

A designação do juízo é requisito essencial da petição inicial, conforme dispõe o parágrafo 1º do art. 840 da CLT (a reclamação deve conter a designação do juízo) e inciso I do art. 319 do CPC (a petição inicial deve informar o juízo a que é dirigida). Trata-se da indicação do órgão judiciário a que se dirige a petição, que pode ser uma Vara do Trabalho ou mesmo um juiz de direito, nos locais em que não existirem instaladas varas trabalhistas, nos termos dos arts. 668 e 669 da CLT:

> Art. 668. Nas localidades não compreendidas na jurisdição das Juntas de Conciliação e Julgamento, os Juízos de Direito são os órgãos de administração da Justiça do Trabalho, com a jurisdição que lhes for determinada pela lei de organização judiciária local.
>
> Art. 669. A competência dos Juízos de Direito, quando investidos na administração da Justiça do Trabalho, é a mesma das Juntas de Conciliação e Julgamento, na forma da Seção II do Capítulo II.
>
> § 1º Nas localidades onde houver mais de um Juízo de Direito a competência é determinada, entre os Juízes do Cível, por distribuição ou pela divisão judiciária local, na conformidade da lei de organização respectiva.

§ 2º Quando o critério de competência da lei de organização judiciária for diverso do previsto no parágrafo anterior, será competente o Juiz do Cível mais antigo. (Brasil, 1943)

Para a Vara do Trabalho, a designação é redigida da seguinte forma:

Exemplo

Excelentíssimo Senhor Doutor Juiz da ____ Vara do Trabalho de [Cidade], [UF].

ou

Ao Juízo da ____ Vara do Trabalho de [Cidade], [UF].

Esclarecemos que a lacuna antes da designação da vara informa que, anteriormente à distribuição da reclamação, indica-se o local da distribuição da ação. Mas a vara específica – por exemplo, *1ª Vara do Trabalho de Recife* (PE) ou *12ª Vara do do Trabalho de São Paulo* (SP) – somente será definida após a distribuição da reclamação.

Vale ressaltar que os processos judiciais tramitam de forma eletrônica, razão pela qual é o sistema que direciona em que vara o processo que vai tramitar.

— 1.5.2 —
Qualificação da parte ativa (autora/reclamante)

A petição inicial pode ser apresentada, conforme determina o art. 839 da CLT: "a) pelos empregados e empregadores, pessoalmente, ou por seus representantes, e pelos sindicatos de classe; b) por intermédio das Procuradorias Regionais do Trabalho". (Brasil, 1943).

Na petição inicial, deve constar, de forma clara, a qualificação da parte ou das partes, de modo que seja possível identificar os autores, ou seja, a parte ativa (polo ativo) na reclamação.

O art. 319, inciso II, do CPC traz os detalhes imprescindíveis de como deve ser elaborada a qualificação: "II – os nomes, os prenomes, o estado civil, a existência de união estável, a profissão, o número de inscrição no Cadastro de Pessoas Físicas ou no Cadastro Nacional da Pessoa Jurídica, o endereço eletrônico, o domicílio e a residência do autor e do réu; [...]" (Brasil, 2015). Vejamos o exemplo da qualificação de uma pessoa física:

Exemplo

FULANO DE TAL, [nacionalidade], [estado civil], [profissão], RG n. _____/[UF], CPF n. _____, PIS n. _____, CTPS n. _____, série n. _____/[UF], residente e

domiciliado na Rua/Av. _____, n. _____,
bairro _____, [Cidade], [UF], CEP _____,
e-mail para contato: _____.

— 1.5.3 —
Qualificação da parte passiva (ré/reclamada)

Na qualificação da parte passiva (polo passivo), denominada *reclamada* no processo do trabalho, é de se observar:

- primeiro, no que tange às pessoas jurídicas, devem ser indicados o nome ou a razão social, a natureza jurídica (pessoa de direito público ou privado), o CNPJ e o endereço completo, já que, como mencionado, o CPC impõe às empresas públicas e privadas "a obrigação de manter cadastro nos sistemas de processo em autos eletrônicos, para efeito de recebimento de citações e intimações, as quais serão efetuadas preferencialmente por esse meio, salvo para as microempresas e as empresas de pequeno porte (art. 246, § 1º e § 6º)" (Santos; Hajel Filho, 2018, p. 335).

- segundo,

  > como é sabido, em muitas oportunidades o empregado/reclamante não possui todos os dados do seu empregador, chegando, em algumas hipóteses, nem mesmo a saber o verdadeiro

nome ou razão social daquele. Referida situação não pode impedir o reclamante de buscar a prestação jurisdicional. Portanto, o formalismo não deve frear o acesso ao Judiciário. (Santos; Hajel Filho, 2018, p. 335).

Assim, explicam Santos e Hajel Filho (2018, p. 335) que "qualquer mecanismo de identificação, como nome fantasia, apelidos e outros elementos identificadores do empregador, serve para que o reclamante possa postular na Justiça do Trabalho, lembrando que o processo trabalhista é guiado pelo informalismo".

— 1.5.4 —
Fundamento jurídico da peça processual

O fundamento jurídico da petição inicial não está previsto como obrigatório no art. 840 da CLT, visto que a reclamação trabalhista pode ser escrita ou verbal (Brasil, 1943).

No entanto, de acordo com o art. 319, inciso III, do CPC: "a petição inicial indicará: [...] III – o fato e os fundamentos jurídicos do pedido" (Brasil, 2015).

A descrição dos fatos deve contemplar um resumo dos acontecimentos do contrato de trabalho, por exemplo: data de admissão para o emprego, data de demissão, função desempenhada pelo empregado, valor do salário.

O fundamento jurídico pode ser encontrado na lei, na doutrina e na jurisprudência.

> **Exemplo**
> Joaninha, que trabalhava em um supermercado como caixa, foi demitida sem justa causa, mas estava grávida no momento em que foi comunicada de sua dispensa. Com fundamento na Súmula n. 244 do TST e no art. 372-A da CLT (Brasil, 1943; 2017c), Joaninha tem direito à estabilidade, razão pela qual **não poderia ter sido demitida. Esse é o fundamento jurídico da petição.**

— 1.5.5 —
Fatos

De acordo com os termos do parágrafo 1º do art. 840 da CLT (Brasil, 1943), a petição inicial deve conter "uma breve exposição dos fatos de que resulte o dissídio (causa de pedir)" (Brasil, 1943).

A descrição breve e sucinta dos fatos deve conter, se possível, os seguintes tópicos:

a. período de trabalho (início e término);
b. função desenvolvida pelo reclamante;
c. remuneração;
d. forma da resilição contratual, ou mesmo se há continuidade (manutenção) do vínculo empregatício.

Sobre esse ponto, valem os ensinamentos de Santos e Hajel Filho (2018, p. 335),

> Seguindo a literalidade da lei, não seria necessário que o reclamante descrevesse em sua peça inaugural os fundamentos jurídicos. No entanto, diante dessa disposição, há de se fazer uma divisão: quando a parte se utilizar do *jus postulandi*, não é necessário se ater a um formalismo exacerbado, bastando a breve exposição dos fatos que originaram o conflito e que dão ensejo ao pedido, principalmente pelo fato de ser uma reclamação (ação) feita verbalmente e reduzida a termo pelo servidor da Vara do Trabalho. [...] Em contrapartida, quando as petições forem apresentadas por escrito e, consequentemente, subscritas por advogado, aludida regra de singeleza não deve prevalecer. Não basta a simples narração dos fatos. Entendemos que, como no processo civil, a inicial trabalhista deve narrar os fatos e apontar os seus fundamentos jurídicos. Logo, o autor, em sua petição inicial, deve descrever o fato e demonstrar como o direito o reconhece, ou seja, qual o fundamento jurídico.

Vale deixar claro que a descrição dos fatos na peça inicial traduz, portanto, a pretensão do autor.

— 1.5.6 —
Teses/pedidos

Tese ou pedido, do latim *petitum*, como expressão da pretensão do autor, é o objeto da demanda proposta em juízo (objeto da ação e do processo). Ou, como ensinam Jorge Neto e Cavalcante (2018, p. 509), "como decorrência lógica da causa de pedir, o pedido deve ser certo e determinado (com as suas especificações – art. 319, IV, CPC), sob pena de inépcia da inicial (art. 330, I e § 1º, I, CPC; art. 840, § 3º, CLT, Lei n. 13.467)".

Assim dispõe o parágrafo 1º do art. 840 da CLT:

> Sendo escrita, a reclamação deverá conter a designação do juízo, a qualificação das partes, a breve exposição dos fatos de que resulte o dissídio, o pedido, que deverá ser certo, determinado e com indicação de seu valor, a data e a assinatura do reclamante ou de seu representante. (Redação dada pela Lei nº 13.467, de 2017) (Brasil, 1943)

Ainda explicam Jorge Neto e Cavalcante (2018, p. 509) que, "na exposição da petição inicial, o autor deverá explicar o fato e os fundamentos jurídicos de sua pretensão, de tal modo que resulte claro o pedido. Esse requisito é chamado de causa petendi ou fundamento jurídico". Os autores concluem: "a ausência da causa de pedir implica a inépcia da petição inicial (art. 330, I, § 1º, I,

CPC). O CPC e a CLT, quanto aos fundamentos do pedido, adotam a teoria da substanciação", ou seja, "exige do autor, quando da propositura da demanda, a exata indicação dos fundamentos jurídicos (causa próxima), como também dos fundamentos fáticos constitutivos do direito violado (causa remota)" (Jorge Neto; Cavalcante, 2018, p. 509). Em suma, a "exposição dos fatos deve ser clara e precisa, isto é, da narração dos fatos deve decorrer, logicamente, a conclusão, sob pena de inépcia da inicial (art. 330, I, § 1º, III, CPC)" (Jorge Neto; Cavalcante, 2018, p. 509).

Com relação ao indeferimento da petição inicial, destacamos a Súmula n. 263 do TST:

> PETIÇÃO INICIAL. INDEFERIMENTO. INSTRUÇÃO OBRIGATÓRIA DEFICIENTE. (nova redação em decorrência do CPC de 2015) – Res. 208/2016, DEJT divulgado em 22, 25 e 26.04.2016. Salvo nas hipóteses do art. 330 do CPC de 2015 (art. 295 do CPC de 1973), o indeferimento da petição inicial, por encontrar-se desacompanhada de documento indispensável à propositura da ação ou não preencher outro requisito legal, somente é cabível se, após intimada para suprir a irregularidade em 15 (quinze) dias, mediante indicação precisa do que deve ser corrigido ou completado, a parte não o fizer (art. 321 do CPC de 2015). (Brasil, 2017c)

Assim, observamos que os requisitos da petição inicial estão previstos no art. 840 da CLT e são complementados pelo art. 319 do CPC.

Espécies de pedidos

Diversas são as possibilidades de pedidos, bem como suas classificações, segundo Jorge Neto e Cavalcante (2018, p. 516),

> O pedido pode ser imediato (direto) ou mediato (indireto). O imediato consiste na própria providência jurisdicional solicitada, podendo ser de conhecimento (declaratória, constitutiva ou condenatória), cautelar, executória ou monitória. O mediato é a tutela de um bem jurídico (reparação do direito violado ou cessação de ameaça a direito), ou seja, aquilo que se pretende obter com a prestação jurisdicional.

De acordo com Leite (2018, p. 633), "embora não haja uniformidade doutrinária a respeito, parece-nos que os pedidos comportam a seguinte classificação: simples ou cumulado; principal, acessório e implícito; alternativo; sucessivo; sucessivo eventual ou subsidiário; líquido ou ilíquido".

Pedido simples ou cumulado

Segundo Jorge Neto e Cavalcante (2018, p. 519),

> Para cada ação corresponde um determinado pedido. Contudo, é lícita a cumulação, num único processo, contra o mesmo réu, de vários pedidos, ainda que entre eles não haja conexão (art. 327, *caput*, CPC). Isso é uma decorrência da aplicação dos princípios da economia e celeridade processuais.

São requisitos de admissibilidade da cumulação dos pedidos: (a) compatibilidade; (b) competência do juízo; (c) adequação do tipo de procedimento (art. 327, § 1º, I a III).

Segundo Leite (2018, p. 633), o pedido cumulado "ocorre quando o autor deduz mais de um pedido na petição inicial, com o escopo de que todos eles sejam apreciados na sentença".

Pedido principal, pedido acessório e pedido implícito

O pedido principal "é aquele cuja apreciação não está vinculada à apreciação de nenhum outro pedido. Pode ser deferido ou não, dependendo da análise dele só. Não decorre de nenhum outro pedido" (Leite, 2018, p. 634).

O pedido acessório, no caso, "é aquele que só pode ser apreciado se o pedido principal for viável. Decorre do pedido principal" (Leite, 2018, p. 634).

Conforme ensina Martins (2020), o pedido implícito, por sua vez, diz respeito ao pagamento de juros, de correção monetária e de honorários advocatícios, conforme dispõe o art. 322, parágrafo 1º, do CPC: "O pedido deve ser certo. § 1º Compreendem-se no principal os juros legais, a correção monetária e as verbas de sucumbência, inclusive os honorários advocatícios" (Brasil, 1943).

Pedido alternativo

O pedido alternativo é aquele em que ao devedor são dadas opções para cumpri-lo, conforme dispõe o art. 325 do CPC:

Art. 325. O pedido será alternativo quando, pela natureza da obrigação, o devedor puder cumprir a prestação de mais de um modo.

Parágrafo único. Quando, pela lei ou pelo contrato, a escolha couber ao devedor, o juiz lhe assegurará o direito de cumprir a prestação de um ou de outro modo, ainda que o autor não tenha formulado pedido alternativo. (Brasil, 2015)

Observamos que cabe efetuar pedido alternativo se a obrigação puder ser cumprida de diversas formas, como pela liberação das guias do seguro-desemprego ou pelo pagamento de indenização correspondente aos valores que seriam pagos a título de seguro-desemprego.

Pedido sucessivo ou subsidiário

Leciona Leite (2018, p. 640) que "os pedidos sucessivos encontravam previsão no art. 289 do CPC/73: 'É lícito formular mais de um pedido em ordem sucessiva, a fim de que o Juiz conheça do posterior, em não podendo acolher o anterior'".

O CPC, em seu art. 326, alterou a nomenclatura do pedido sucessivo para *pedido subsidiário*: "É lícito formular mais de um pedido em ordem subsidiária, a fim de que o juiz conheça do posterior, quando não acolher o anterior. Parágrafo único. É lícito formular mais de um pedido, alternativamente, para que o juiz acolha um deles" (Brasil, 2015).

Pedidos líquidos e ilíquidos

O pedido líquido é "aquele que já especifica o *quantum debeatur*, ou seja, o autor já delimita, na petição inicial, de forma qualitativa e quantitativa, os valores que julga ser credor do réu" (Leite, 2018, p. 643).

O pedido ilíquido "contém apenas o *an debeatur*, isto é, o autor apenas indica que determinada parcela é devida, mas não especifica o *quantum debeatur*" (Leite, 2018, p. 644).

— 1.5.7 —
Pedidos propriamente ditos

Após a apresentação das teses (fatos, fundamentos jurídicos e requerimentos), o reclamante deve reproduzir tão somente os pedidos de cada tese observando o disposto no parágrafo 1º do art. 840 da CLT no tocante à parte dos valores, ou seja, "Sendo escrita, a reclamação deverá conter a designação do juízo, a qualificação das partes, a breve exposição dos fatos de que resulte o dissídio, **o pedido, que deverá ser certo, determinado e com indicação de seu valor**, a data e a assinatura do reclamante ou de seu representante" (Brasil, 1943, grifo nosso).

> **Exemplo**
>
> Requer a condenação da reclamada:
>
> a. ao pagamento dos salários dos meses de janeiro e fevereiro/2020, no valor estimado de R$ 3.000,00, acrescidos do FGTS, no valor estimado de R$ 240,00, totalizando o valor provisório de R$ 3.240,00.
> b. ao pagamento do aviso-prévio indenizado no valor estimado de R$ 1.500,00.
> c. ao pagamento da multa prevista no § 8º do art. 477 da CLT, no valor estimado de R$ 1.500,00.

— 1.5.8 —

Requerimentos finais

Elaborada a peça em cujo conteúdo constam o endereçamento, a qualificação das partes, o fundamento, a apresentação dos fatos e das teses, tudo nos termos do art. 840, parágrafo 1º, da CLT, combinado com o art. 319 do CPC, a parte deve efetuar os requerimentos finais compostos dos itens seguintes:

a. procedência total dos pedidos;
b. citação do reclamado ou dos reclamados para apresentar resposta/defesa a todos os termos da inicial sob pena de revelia e confissão;

c. protesto pela produção de todas as provas admissíveis em direito, tais como: o depoimento pessoal do reclamado e/ou reclamados, ouvida de testemunhas, documental, pericial e outras mais que se fizerem necessárias (diligências etc.) (Brasil, 1943; 2015).

— 1.5.9 —
Valor da causa e finalização da peça

Com a finalização da petição, a parte deve apresentar o valor da causa. Em decorrência dos pedidos líquidos, normalmente deve ser indicado o valor a ser dado à causa e, dessa forma, definir o procedimento a ser adotado para a lide.

Vale lembrar que em decorrência do valor da causa é definido o rito a ser utilizado no procedimento trabalhista, ou seja:

- Rito ordinário (+ de 40 salários mínimos)
- Rito sumaríssimo (até 40 salários mínimos) – Lei n. 9.957/2000 (arts. 852-A a I)
- Rito sumário – alçada exclusiva de 1º grau (até 2 salários mínimos) – Lei n. 5.584/1970

Finalmente, encerra-se a petição com o pedido de deferimento, data e assinatura da parte e/ou advogado.

A assinatura da petição inicial formulada pelo advogado é feita mediante certificado digital. Ao ser protocolada no sistema, no Processo Judicial Eletrônico (PJe) ocorre a distribuição da reclamatória para uma Vara do Trabalho responsável pela jurisdição (se houver mais de uma).

Quadro 1.5 – Modelo de petição inicial

EXCELENTÍSSIMO(A) SENHOR(A) DOUTOR(A) JUIZ(A) DA _____ VARA DO TRABALHO DE [Cidade], [UF]

[Nome do reclamante], [nacionalidade], [estado civil], [profissão], RG n. _____/[UF], CPF n. _____, PIS n. _____, CTPS n. _____, série n. _____/[UF], residente e domiciliado na Rua/Av. _____, n. _____, bairro _____, [Cidade], [UF], CEP _____, por seu advogado e procurador infra-assinado, mandato incluso, respeitosamente, comparece à presença de Vossa Excelência, com a finalidade de propor, com fundamento no art. 840 da CLT,

RECLAMAÇÃO TRABALHISTA, contra:

[Nome do reclamado], pessoa jurídica de direito privado, CNPJ n. _____, com sede na Rua/Av. _____, n. _____, bairro _____, [Cidade], [UF], CEP _____, em razão dos fatos e fundamentos a seguir descritos:

1. DO CONTRATO DE TRABALHO

O Reclamante foi admitido em [dia] de [mês] de [ano]. Foi dispensado sem justa causa, em [dia] de [mês] de [ano]. Percebeu como última remuneração o valor de R$ _____ mensais.

(continua)

(Quadro 1.5 - continuação)

2. DIFERENÇAS DE VERBAS RESCISÓRIAS

O reclamante foi dispensado em [dd/mm/aaaa], no entanto a reclamada não procedeu corretamente quanto às seguintes verbas rescisórias:

a. não efetuou o pagamento do aviso-prévio;
b. não utilizou a última remuneração do autor para o pagamento das verbas rescisórias;
c. não observou a projeção do aviso-prévio no computo das verbas rescisórias; e
d. não efetuou o pagamento da multa de 40% do FGTS, calculada sobre a rescisão.

Portanto, tem o reclamante direito a receber as verbas a seguir discriminadas:

Verbas devidas	Devido	Recebido	Diferença
Aviso-prévio	R$ 1.500,00	0,0	R$ 1.500,00
13º salário proporcional – 5/12	R$ 625,00	R$ 250,00	R$ 375,00
Férias proporcionais – 5/12	R$ 625,00	R$ 250,00	R$ 375,00
Saldo de salários – 10 dias	R$ 500,00	R$ 300,00	R$ 200,00
FGTS mais multa de 40% sobre rescisão	R$ 294,00	0,0	R$ 294,00
Total	R$ 3.544,00	R$ 800,00	R$ 2.744,00

Assim, tem o reclamante direito a receber as verbas rescisórias, consoante o retrodemonstrado, no valor de R$ 2.744,00 (dois mil, setecentos e setenta e quarenta e quatro reais), que deverão ser pagas em 1ª audiência, sob as penas do art. 467 da CLT (acréscimo de 50%), devidamente corrigidas.

(Quadro 1.5 – continuação)

3. MULTA CONVENCIONAL

O reclamante tem direito de receber a multa convencional prevista na cláusula _____ da Convenção Coletiva de Trabalho da Categoria (CCT), equivalente a 10% (dez por cento) do piso salarial mínimo da categoria profissional, haja vista não terem sido pagas corretamente as verbas rescisórias. Multa no valor equivalente a R$ 150,00 (cento e cinquenta reais).

4. DIANTE DO EXPOSTO, RECLAMA:

a. Diferenças de verbas rescisórias, tudo devidamente corrigido, conforme o exposto no item "2", no valor de:	R$ 2.744,00
b. Multa de 50% sobre as diferenças de verbas rescisórias, caso não ocorra o pagamento em primeira audiência, nos termos do art. 467, da CLT, devidamente corrigida, conforme o exposto no item "2", no valor de:	R$ 1.372,00
c. Multa convencional, equivalente a 10% (dez por cento) do piso mínimo da categoria, conforme o exposto no item "3", no valor de:	R$ 150,00
d. Juros e correção monetária na forma da lei, no valor de:	R$ 49,14
e. Total devido até a propositura da ação, cujos valores deverão ser atualizados até o efetivo pagamento, no valor inicial de:	R$ 4.315,14

Diante do exposto e das provas que serão produzidas em audiência, pede-se e espera-se seja julgada procedente a reclamação, com a condenação do reclamado ao pagamento dos pedidos retromencionados, com juros e correção monetária, notificando-se este a responder aos termos da presente reclamação, sob pena de revelia e confissão.

(Quadro 1.5 – conclusão)

Requer-se, desde logo, o depoimento pessoal do reclamado, sob pena de confissão e inquirição de testemunhas, protestando por demais provas em direito admitidas.

Por fim, requer-se sejam concedidos os benefícios da justiça gratuita, uma vez que o reclamante não tem condições de demandar em juízo sem prejudicar seu sustento e o de sua família.

Dá-se à causa, meramente para efeito de alçada, o valor de R$ 4.315,14.

Neste termos, pede deferimento.

[Local], [dia] de [mês] de [ano].

[Nome do advogado(a)]

OAB/[UF] n. _____

*UF: unidade da federação

— 1.6 —
Resposta do réu e reconvenção

Nesta seção, vamos analisar a forma e a estruturação da resposta do réu, também denominada *defesa do réu* ou *contestação*, que encontra previsão legal no art. 847 da CLT.

A defesa pode ser apresentada de forma oral ou escrita (parágrafo único do art. 847 da CLT) e deve observar os requisitos dos arts. 337 e seguintes do CPC.

Deve-se utilizar o verbo *apresentar*, constando a identificação e a previsão legal e a descrição dos fatos, para, então, passar-se à estruturação da defesa processual, com a possibilidade de apresentação de exceções (art. 800 da CLT), preliminares (art. 337 do CPC), defesa indireta – prejudicial de mérito (fatos impeditivos/modificativos/extintivos), ou defesa direta – que nega frontalmente, bem como a possibilidade de apresentação do instituto da reconvenção (art. 343 do CPC) para a qual se dá o valor da causa, seguindo-se para os pedidos e requerimentos finais.

Alertamos, também, para o fato de que, diante do disposto no art. 336 do CPC, "incumbe ao réu alegar, na contestação, toda a matéria de defesa, expondo as razões de fato e de direito com que impugna o pedido do autor e especificando as provas que pretende produzir" (Brasil, 2015).

— 1.6.1 —
Exceção de incompetência territorial

Em razão da redação dada ao art. 800 da CLT, decorrente dos termos da Lei n. 13.467/2017, o reclamado, ao ser notificado, pode apresentar defesa "no prazo de cinco dias a contar da notificação, antes da audiência e em peça que sinalize a existência" de exceção de incompetência territorial ou do lugar, seguindo-se o disposto nos parágrafos do referido artigo (Brasil, 1943; 2017).

Com a apresentação da petição de exceção de incompetência territorial, estabelecem os parágrafos 1º e 2º do art. 800 da CLT que o processo será suspenso e "imediatamente concluso ao juiz que intimará o reclamante e, se existentes, os litisconsortes, para manifestação no prazo comum de cinco dias" (Brasil, 1943; 2017). E, ainda, preveem os parágrafos 3º e 4º do mesmo dispositivo: "se entender necessária a produção de prova oral, o juízo designará audiência, garantindo o direito de o excipiente e de suas testemunhas serem ouvidos, por carta precatória, no juízo que este houver indicado como competente", após o que "decidida a exceção de incompetência territorial, o processo retomará seu curso" (Brasil, 1943; 2017).

Na exceção de incompetência, o reclamado passa a ser denominado *excipiente*; e o reclamante, *excepto*; e as matérias alegáveis na exceção restringem-se ao disposto no art. 651, parágrafos 1º a 3º, da CLT (Brasil, 1943).

A estrutura da exceção de incompetência territorial deve conter os seguintes elementos:

a. Endereçamento: local de propositura da ação trabalhista.
b. Identificação: número do processo.
c. Qualificação completa do excipiente e do excepto.
d. Verbo: *apresentar*.
e. Identificação e fundamento legal da peça processual: arts. 651, 799 e 800 da CLT.
f. Fatos: apresentação resumida dos fatos apresentados na inicial.
g. Fundamento: ocorreu a violação ao disposto no art. 651 e parágrafos da CLT.
h. Requerimento: acolhimento da exceção determinando-se a remessa ao juízo competente.

i. Requerimentos finais: ratifica o acolhimento da exceção e protesto de provas.
j. Finalização: local, data e assinatura.

Quadro 1.6 – Modelo de petição de exceção de incompetência territorial

EXCELENTÍSSIMO SENHOR DOUTOR JUIZ DA VARA DO TRABALHO DE CAMPINAS (SP)

Autos n. _____

[**Nome do excipiente**], pessoa jurídica de direito privado, CNPJ n. _____, com sede na Rua/Av. _____, n. _____, bairro _____, Ourinhos (SP), CEP _____, por seu advogado e procurador adiante assinado, consoante procuração inclusa, nos autos de reclamação trabalhista em referência, que lhe move [**Nome do excepto**], vem à presença de Vossa Excelência, com fundamento nos arts. 651, 799 e 800 da CLT, apresentar

EXCEÇÃO DE INCOMPETÊNCIA TERRITORIAL, pelos fatos e fundamentos a seguir expostos:

a. O empregado excepto pleiteia o pagamento de horas extras e diferenças salariais, em razão do labor exercido, tendo apresentado demanda trabalhista perante esta respeitável Vara do Trabalho.
b. Ocorre que o excepto fora contratado na cidade de Ourinhos (SP) e sempre exerceu suas atividades no referido local de contratação.
c. Desta forma, nos termos do art. 651, *caput*, da CLT, é competente para conhecer do feito a Vara do Trabalho de Ourinhos (SP), local em que o excepto foi contratado e sempre exerceu suas atividades laborais.

Assim, requer seja acolhida a presente exceção determinando-se a remessa dos autos ao Juízo da Vara do Trabalho de Ourinhos (SP).

(continua)

(Quadro 1.6 – conclusão)

REQUERIMENTOS

Diante do exposto, requer:

a. intimação do reclamante (excipiente), nos termos do parágrafo 2º do art. 800 da CLT, para que venha responder aos termos da presente exceção, sob pena de confissão;
b. acolhimento da presente exceção de incompetência territorial, julgando-se incompetente para conhecer da reclamatória apresentada, determinando a remessa dos autos para a MM. Vara do Trabalho de Ourinhos (SP).
c. protesta provar o alegado por todos os meios de provas em direito admitidas.

Neste termos, pede deferimento

[Local], [dia] de [mês] de [ano].

[Nome do advogado(a)]
OAB/[UF] n. _____

— 1.6.2 —
Exceção de suspeição/impedimento

Em razão da redação dada ao art. 800 da CLT, decorrente dos termos da Lei n. 13.467/2017, o reclamado, ao ser notificado, pode apresentá-la, "no prazo de cinco dias a contar da notificação, antes da audiência e em peça que sinalize a existência" de exceção de incompetência territorial ou do lugar, seguindo-se o disposto nos parágrafos do referido artigo (Brasil, 1943; 2017).

Com a apresentação da petição de exceção de suspeição, o processo será suspenso.

Na exceção de suspeição, o reclamado será denominado *excipiente*, e o reclamante, *excepto*. As matérias alegáveis na exceção restringem-se ao disposto no art. 801 da CLT, *in verbis*:

> Art. 801. O juiz, presidente ou vogal, é obrigado a dar-se por suspeito, e pode ser recusado, por algum dos seguintes motivos, em relação à pessoa dos litigantes:
>
> a) inimizade pessoal;
>
> b) amizade íntima;
>
> c) parentesco por consanguinidade ou afinidade até o terceiro grau civil;
>
> d) interesse particular na causa. (Brasil, 1943)

Nos termos do art. 802 da CLT, "apresentada a exceção de suspeição, o juiz designará audiência de instrução e julgamento dentro de 48 horas" (Brasil, 1943).

A estrutura da exceção de suspeição ou de impedimento deve conter os elementos a seguir:

a. Endereçamento: local de propositura da ação trabalhista.
b. Identificação: número do processo.
c. Qualificação completa do excipiente e do excepto.
d. Verbo: *apresentar*.

e. Identificação e fundamento legal da peça processual: art. 799, 801 e 802 da CLT.
f. Fatos: apresentação resumida dos fatos apresentados na inicial.
g. Fundamento: um dos citados nas alíneas do art. 801 da CLT.
h. Requerimento: acolhimento da exceção determinando-se a remessa ao substituto legal.
i. Requerimentos finais: ratifica o acolhimento da exceção e protesto de provas
j. Finalização: local, data e assinatura.

Quadro 1.7 – Modelo de petição de exceção de suspeição/impedimento

---

EXCELENTÍSSIMO SENHOR DOUTOR JUIZ DA VARA DO TRABALHO DE [Cidade], [UF]

Autos n. _____

[Nome do excipiente], pessoa jurídica de direito privado, CNPJ n. _____, com sede na Rua/Av. _____, n. _____, bairro _____, [Cidade], [UF], CEP _____, por seu advogado e procurador adiante assinado, consoante procuração inclusa, nos autos de reclamação trabalhista em referência, que lhe move **[Nome do excepto]**, vem à presença de Vossa Excelência, com fundamento nos arts. 799, 801 e 802 da CLT, apresentar

EXCEÇÃO DE SUSPEIÇÃO, pelos motivos a seguir expostos:

a. O empregado excepto pleiteia o pagamento de comissões e adicional de insalubridade, em razão do labor exercido, tendo apresentado demanda trabalhista perante esta MM. Vara do Trabalho.

(continua)

(Quadro 1.7 – conclusão)

b. Ocorre que a exceção tem por fundamento a amizade íntima entre o MM. Juiz e o reclamante, pois é de conhecimento que são amigos e frequentam o mesmo clube social para jogos de tênis.
c. Dessa forma, nos termos do art. 801, alínea "b", da CLT, o MM. Juiz deve declarar-se suspeito, podendo ser recusado, em relação à pessoa dos litigantes, pelo motivo de amizade íntima.

Assim, requer-se que seja acolhida a presente exceção determinando-se a remessa dos autos ao juiz substituto.

REQUERIMENTOS FINAIS

Diante do exposto, requer:

a. intimação do reclamante (excipiente), nos termos do art. 802 da CLT, para que venha responder aos termos da presente exceção, sob pena de confissão;
b. seja acolhida a presente exceção de suspeição, julgando-se incompetente para conhecer da reclamatória apresentada, determinando a remessa dos autos para o juiz substituto;
c. protesta provar o alegado por todos os meios de provas em direito admitidas.

Neste termos, pede deferimento

[Local], [dia] de [mês] de [ano].

[Nome do advogado(a)]

OAB/[UF] n. _____

— 1.6.3 —
Estrutura da contestação

A resposta do réu, também chamada de *defesa* ou *contestação*, tem previsão no art. 847 da CLT:

Art. 847. **Não havendo acordo, o reclamado terá vinte minutos para aduzir sua defesa, após a leitura da reclamação, quando esta não for dispensada por ambas as partes.**

Parágrafo único. A parte poderá apresentar defesa escrita pelo sistema de processo judicial eletrônico até a audiência. (Brasil, 1943, grifo nosso)

Com base nisso, os elementos essenciais da contestação são:

a. Endereçamento: local de propositura da ação trabalhista.
b. Identificação: número do processo.
c. Qualificação completa da reclamada.
d. Verbo: *apresentar*.
e. Identificação e fundamento legal da peça processual: art. 847, parágrafo único, da CLT, art. 336 e seguintes do CPC, e art. 5º, inciso LV, da Constituição Federal de 1988.
f. Fatos: resumo dos fatos apresentados na inicial.
g. Defesa indireta de mérito: alegação de prescrição bienal ou quinquenal (art. 7º, XXIX, CF/1988 e art. 11 da CLT).
h. Defesa direta do mérito: teses pertinentes a cada tópico trazido na inicial com o fundamento legal (art. 337 do CPC)
i. Requerimento da improcedência dos pedidos: elencar de forma específica cada pleito apresentado no mérito da inicial trabalhista (arts. 336, 338 e 341 do CPC).
j. Requerimentos finais: improcedência do reclamo e protesto de provas.
k. Finalização: local, data e assinatura.

> **Exemplo**
>
> EXCELENTÍSSIMO SENHOR DOUTOR JUIZ DA 1ª VARA DO TRABALHO DE SÃO JOSÉ DOS PINHAIS – PARANÁ
>
> Autos n. _____
>
> **EMPRESA X LTDA.**, pessoa jurídica de direito privado, inscrita no CNPJ n. 00.000.000/0001-00 com sede na Rua Y, n. 00, bairro Z, São José dos Pinhais (PR), CEP 00000-000, comparece perante Vossa Excelência, por meio de seu advogado infra-afirmado (procuração anexa), com endereço profissional na Rua W, n. 00, bairro V, São José dos Pinhais (PR), CEP 00000-000, onde recebe notificações e intimações, a fim de apresentar **CONTESTAÇÃO**, com fundamento no art. 847, parágrafo único, da CLT, a reclamação trabalhista movida por FULANO DE TAL, já qualificado(a) nos autos, pelos fatos e fundamentos a seguir expostos.

— 1.6.4 —
Das preliminares

O reclamado (réu), antes de apresentar sua insurgência às pretensões deduzidas pelo autor em juízo, às quais nomeia-se de *mérito*, tem a possibilidade de apontar questões preliminares.

Importante é, aqui, trazer o conceito de preliminar:

> Preliminar é aquilo que antecede alguma coisa. As preliminares são matérias prejudiciais de conhecimento de mérito da ação. Consistem em se discutir o que vem antes do objeto da ação. São objeções arguidas antes do exame do mérito da questão posta em debate no juízo. Representam matérias de ordem processual, que impedem o exame do mérito da questão, desde que haja a possibilidade de conhecimento de ofício pelo juiz. (Martins, 2020, p. 416)

Sendo suscitadas, as preliminares, que estão relacionadas no art. 337 do CPC, implicam extinção dos pedidos sem resolução do mérito.

> Art. 337. Incumbe ao réu, antes de discutir o mérito, alegar:
>
> I – Inexistência ou nulidade da citação;
>
> II – incompetência absoluta e relativa;
>
> III – incorreção do valor da causa;
>
> IV – inépcia da petição inicial;
>
> V – perempção;
>
> VI – litispendência;
>
> VII – coisa julgada;
>
> VIII – conexão;
>
> IX – incapacidade da parte, defeito de representação ou falta de autorização;

X – convenção de arbitragem;

XI – ausência de legitimidade ou de interesse processual;

XII – falta de caução ou de outra prestação que a lei exige como preliminar;

XIII – indevida concessão do benefício de gratuidade de justiça. (Brasil, 2015)

Na visão de Teixeira Filho (2009, p. 827), "as preliminares representam uma espécie de obstáculos eficientes ao julgamento de mérito, pois dotadas de aptidão para dar cobro a processo sem que o juiz possa, em princípio, se pronunciar a respeito das pretensões formuladas pelo autor".

Vale ilustrar um exemplo de preliminar, exposto a seguir.

Exemplo

Inépcia da petição inicial

O autor apresenta pedidos "A" e "B", porém referidos pedidos estão totalmente destituídos de FUNDAMENTO e CAUSA DE PEDIR, da narração dos fatos não decorre logicamente a conclusão. Requer-se, portanto, seja declarada inepta a inicial ante os termos apontados no art. 337, inciso IV, do CPC. Entretanto, caso o MM. Juízo rejeite a prejudicial de inépcia arguida, requer sejam julgados no mérito improcedentes os pedidos formulados, conforme a seguir contestados.

Preliminares de mérito

Podem ser consideradas "preliminares de mérito as alegações de prescrição ou de decadência que, uma vez acolhidas, dispensam o exame da questão de fundo do processo, prejudicando a análise do mérito" (Martins, 2020, p. 424).

A prescrição está prevista no art. 7º, inciso XXIX, da Constituição Federal de 1988, no art. 11 da CLT e no art. 487, inciso II, do CPC. A decadência tem previsão no art. 494 da CLT e no art. 23 da Lei n. 12.016, de 7 de agosto de 2009, no art. 975 do CPC e na Súmula n. 100 do TST. A prescrição e a decadência são preliminares típicas de mérito, visto que, "se acolhidas, implicam a extinção do processo com resolução de mérito" (art. 487, II, CPC) (Jorge Neto; Cavalcante, 2018, p. 629).

Para melhor entendimento de como elaborar uma preliminar de mérito, vejamos um exemplo a seguir.

Exemplo

Prescrição

O autor foi dispensado em dd/mmm/aaaa e ajuizou a presente ação trabalhista em dd/mmm/aaaa, ou seja, transcorridos mais de dois anos de seu desligamento da reclamada. Requer-se, portanto, seja declarada prescrita a presente reclamação trabalhista com fundamento no art. 7º, inciso XXIX, da CF/1988 e no art. 11, inciso II, da CLT, extinguindo-a com resolução de mérito, nos termos do art. 487, inciso II, do CPC. Requer-se também sejam declaradas prescritas todas as parcelas anteriores a cinco anos contados retroativamente do ajuizamento da reclamatória, nos termos do art. 7º, inciso XXIX, da CF/1988 e do art. 11, inciso I, da CLT, bem como da Súmula n. 308 do TST.

— 1.6.5 —
Do mérito

No mérito, cabe ao réu/reclamado, observados os princípios da impugnação específica (art. 341 do CPC) e da eventualidade ou da concentração das defesas (art. 336 do CPC), alegar em sua resposta toda a matéria que entender cabível, expondo as razões de fato e de direito com que impugna a pretensão do autor/reclamante.

A reclamada pode alegar fatos: impeditivos, modificativos ou extintivos do direito do reclamante-autor, nos termos do art. 818, inciso II, da CLT.

> Art. 818. O ônus da prova incumbe:
>
> I – ao reclamante, quanto ao fato constitutivo de seu direito;
>
> II – ao reclamado, quanto à existência de fato impeditivo, modificativo ou extintivo do direito do reclamante.
>
> § 1º Nos casos previstos em lei ou diante de peculiaridades da causa relacionadas à impossibilidade ou à excessiva dificuldade de cumprir o encargo nos termos deste artigo ou à maior

facilidade de obtenção da prova do fato contrário, poderá o juízo atribuir o ônus da prova de modo diverso, desde que o faça por decisão fundamentada, caso em que deverá dar à parte a oportunidade de se desincumbir do ônus que lhe foi atribuído.

§ 2º A decisão referida no § 1º deste artigo deverá ser proferida antes da abertura da instrução e, a requerimento da parte, implicará o adiamento da audiência e possibilitará provar os fatos por qualquer meio em direito admitido.

§ 3º A decisão referida no § 1º deste artigo não pode gerar situação em que a desincumbência do encargo pela parte seja impossível ou excessivamente difícil. (Brasil, 1943)

Ainda pode ter o reclamado, de acordo com o art. 369 do CPC: "o direito de empregar todos os meios legais, bem como os moralmente legítimos, ainda que não especificados neste Código, para provar a verdade dos fatos em que se funda o pedido ou a defesa e influir eficazmente na convicção do juiz" (Brasil, 2015).

Exemplo

Horas extras inexistentes

O reclamante pleiteia o direito à percepção de horas em sobreaviso, sob o fato de ter recebido um celular da empresa que permanecia ligado após o término de sua jornada, disponível para receber ligações. Prejudicada a pretensão, porque o uso de aparelho

> celular pelo empregado, por si só, não caracteriza o regime de sobreaviso, e tendo em vista que o reclamante não permaneceu em sua residência aguardando, a qualquer momento, convocação para o serviço, ou seja, não houve restrição à possibilidade de locomoção do empregado, consoante os termos da Súmula n. 428, item I, do TST. Portanto, requer a improcedência do pedido, pois o simples uso do celular não caracteriza o regime de sobreaviso.

— 1.6.6 —
Pedidos de compensação e/ou dedução

O réu/reclamado pode ainda, em sua defesa, requerer a compensação de valores pagos a mesmo título (art. 767 da CLT), desde que oriunda de natureza trabalhista, nos termos da Súmula n. 18 do TST: "A compensação, na Justiça do Trabalho, está restrita a dívidas de natureza trabalhista" (Brasil, 2017c).

Deve-se observar, para os casos de rescisão de contrato, o limite estabelecido no parágrafo 5º do art. 477 da CLT: "Qualquer compensação no pagamento de que trata o parágrafo anterior não poderá exceder o equivalente a um mês de remuneração do empregado" (Brasil, 1943).

Por fim, também é possível requerer a dedução de valores pagos, desde que referentes a parcelas idênticas, podendo referido fato ser conhecido de ofício pelo juízo nos termos do art. 884 do Código Civil.

— 1.6.7 —
Reconvenção

Reconvenção "é ação proposta pelo réu contra o autor, no mesmo processo em que está sendo demandado" (Martins, 2020, p. 434).

Portanto, o réu/reclamado, além da apresentar a resposta às pretensões do autor/reclamante, pode promover uma demanda contra o reclamante, e isso no mesmo processo, cujo procedimento está previsto no art. 343 do CPC.

Na reconvenção, modalidade de resposta do réu/empregador, este passa a ser denominado *reconvinte*, e o empregado, *reconvindo*.

Como ação que é, a reconvenção deve preencher todos os pressupostos processuais, adaptados à circunstância, e a pretensão deve ter conexão com a ação principal ou com o fundamento da defesa.

Alertamos, contudo, que, de acordo com o parágrafo 2º do art. 343 do CPC, a desistência da reclamatória ou sua extinção não acarreta a extinção da reconvenção, assim como a procedência de uma não exclui a da outra.

— 1.6.8 —
Pedidos e encerramento

A finalização da peça envolve a formulação dos requerimentos finais, mediante os quais a parte requer o acolhimento das preliminares, de mérito e ao mérito, bem como ratifica o pedido para apreciação de possíveis exceções arguidas, solicitando ao juízo que julgue improcedente os pedidos postulados pelo autor, conforme tópicos a seguir.

Requerimentos

Para melhor entender a elaboração dos requerimentos, vejamos os pontos a serem observados no requerimento final.

A parte deve:

a. requerer o acolhimento das preliminares alegadas, de mérito (prescrição – art. 7º, inciso XXIX, da Constituição Federal, art. 11 da CLT, art. 487, inciso II, do CPC; e decadência – 30 dias, art. 494 da CLT, 120 dias, art. 23 da Lei 12.016/2009, 2 anos, art. 975 do CPC, Súmula n. 100 do TST) – se acolhidas, implicam a extinção dos pedidos com resolução do mérito;

b. requerer o acolhimento das preliminares ao mérito, as relacionadas no art. 337 do CPC – se acatadas implicam a extinção dos pedidos sem resolução do mérito;

c. requerer que sejam julgados improcedentes todos os pedidos da exordial;

d. requerer compensação, retenção (art. 767 da CLT) e deduções (Súmula n. 18 do TST);

e. caso tenha sido apresentada a **reconvenção** (art. 343 do CPC), requerer a procedência do pedido, bem como a intimação do reconvindo para responder aos termos da ação;

f. requerer **reconvenção – valor da causa**: uma vez que a reconvenção é uma ação autônoma, em que pese estar sendo apresentada como matéria de defesa, deve ser dada a ela o valor da causa para fins de cálculos de honorários e custas processuais (art. 292 do CPC).

Os requerimentos finais espelham a complementação dos pedidos de indeferimento da petição inicial, de produção de provas, do valor da causa e da intimação da parte adversa para se manifestar dos documentos juntados à defesa.

— 1.6.9 —
Finalização da peça

Na finalização da peça, a parte deve: protestar pela produção de provas, conforme dispõem o art. 818 e seguintes da CLT e os arts. 369 e seguintes do CPC; requerer a condenação da parte ao pagamento de honorários de sucumbência (art. 791-A da CLT); e, ainda, requerer o deferimento da peça ao juízo, bem como grafar data, local e, principalmente, a assinatura no documento, mesmo porque a lei estabelece que é fundamental ter capacidade postulatória, ou seja, autorização legal para assinar a petição (art. 133 da Constituição Federal de 1988; art. 103 do CPC; e arts. 1º e 3º da Lei n. 8.906/1994).

Quadro 1.8 – Modelo de resposta do réu

EXCELENTÍSSIMO SENHOR DOUTOR JUIZ PRESIDENTE DA ____ VARA DO TRABALHO DE [Cidade], [UF]

Autos n. _____

EMPRESA X LTDA, já qualificada nos autos em referência, de reclamação trabalhista que lhe move **EMPREGADO Y**, já qualificado(a) nos autos em referência, por seu advogado e procurador, infra-assinado, respeitosamente, comparece à presença de Vossa Excelência para, com fulcro no art. 847 da CLT e nos arts. 335 e seguintes do CPC, aplicado subsidiariamente nos termos do art. 769 da CLT e do art. 15 do CPC, de apresentar **CONTESTAÇÃO**, pelos fatos e fundamentos a seguir expostos:

1. DOS FATOS

O reclamante efetivamente trabalhou para a empresa reclamada no período de [dd/mmm/aaaa] a [dd/mmm/aaaa], conforme comprovam os documentos em anexo. Foi dispensado sem justa causa em [dd/mmm/aaaa] e recebeu como última remuneração o valor mensal de R$ _____. Exercia a função de _____.

2. PRELIMINAR DE INÉPCIA DA INICIAL QUANTO AO PEDIDO DE DANO EXTRAPATRIMONIAL

No que tange à indenização por danos extrapatrimoniais, o reclamante traz o pedido de forma genérica, sem, contudo, articular os fundamentos que amparam a pretensão.

No caso em tela, verifica-se a ausência da causa de pedir, ou seja, inepta está a petição inicial nos termos do art. 330, inciso I, do CPC.

Pelo exposto, requer a extinção do processo sem resolução do mérito, nos termos dos arts. 485, inciso I, e 330, inciso I, do CPC.

(continua)

(Quadro 1.8 – continuação)

3. PREJUDICIAL DE MÉRITO – PRESCRIÇÃO QUINQUENAL – PARCIAL

Conforme já apontado, o(a) reclamante laborou para a empresa reclamada no período de: [dd/mmm/aaaa] a [dd/mmm/aaaa].

De acordo com os termos do art. 7º, inciso XXIX, da CF/1988; do art. 11, inciso I, da CLT e da Súmula n. 308, item I, do TST, aplica-se a prescrição quinquenal às parcelas anteriores aos cinco anos contados do ajuizamento da reclamação trabalhista.

Dessa forma, no caso em tela, requer-se sejam declaradas prescritas as parcelas referentes aos cinco anos anteriores à data do ajuizamento da ação, o que ocorre em [dd/mmm/aaaa].

4. DA JORNADA DE TRABALHO

O(a) reclamante alega que laborava em jornada extraordinária das 7 h às 19 h, de segunda a sábado, usufruindo de 1 hora de intervalo.

Entretanto, prejudicada a pretensão do(a) reclamante, haja vista que fora efetivamente contratado(a) para laborar de segunda-feira a sexta-feira, e o fazia cumprindo a seguinte jornada: de segunda-feira a quinta-feira laborava das 8 h às 18 h horas, e às sextas-feiras laborava das 8 h às 17 h, sempre usufruindo 1 hora de intervalo para descanso e refeição, conforme contrato de trabalho, acordo para compensação de horário de trabalho e registros de ponto.

A jornada de trabalho do(a) autor(a) está devidamente demonstrada nos inclusos cartões de ponto, cuja marcação era efetuada pelo próprio.

Prova de que o reclamante laborava em jornada extraordinária, inclusive aos sábados é encargo do mesmo, visto que é fato constitutivo do direito que pleiteia (art. 818 da CLT).

Destarte, por não espelhar a realidade, a jornada de trabalho declinada na inicial fica expressamente impugnada. Em caso de improvável condenação, o que não seria justo, requer sejam compensadas todas as verbas já pagas a mesmo título conforme documentos juntados, bem como se excluam as faltas e os atrasos, conforme constam nos respectivos cartões de ponto e atestados médicos anexos.

(Quadro 1.8 – continuação)

Assim, resta totalmente prejudicado o pedido de horas extras. Entretanto, caso não seja este o entendimento do MM. Juízo, deverão ser devidamente compensadas as verbas já pagas a esse título, visto que, quando laborou em jornada extraordinária, foram-lhe devidamente pagas, conforme recibos anexos.

Pelo indeferimento da inicial com relação a este pedido.

5. DO ADICIONAL DE INSALUBRIDADE

Alega o reclamante que laborava em ambiente insalubre, devendo perceber o referido adicional em grau máximo, correspondente a todo o período laborado.

O reclamante não desenvolvia suas atividades em local insalubre de modo a fazer jus ao adicional pretendido.

Inclusive, somente a perícia técnica, a cargo da autora, poderá elucidar a controvérsia, haja vista tratar-se de encargo constitutivo de seu direito.

Pelo indeferimento da inicial com relação a este pedido.

6. IMPUGNAÇÕES COMPLEMENTARES

a. requer a impugnação dos documentos que não estiverem de acordo com o art. 830 da CLT;
b. requer a compensação de todas as verbas já pagas a mesmo título conforme documentos juntados.

7. REQUERIMENTOS FINAIS

Em razão do exposto requer:

a. seja acolhida a preliminar de inépcia, com a consequente extinção do feito sem resolução do mérito, e
b. na hipótese de eventual condenação, que se declare a prescrição quinquenal;
c. requer, ainda, a total improcedência de todos os pedidos feitos na reclamação trabalhista;

(Quadro 1.8 – conclusão)

d. protesta pela produção de todas as provas em direito admitidas, como: depoimento pessoal do autor, pena de confissão, oitiva de testemunhas, acosto de novos documentos, bem como a execução de exames periciais se necessário;

e. seja o(a) reclamante condenado(a) em honorários advocatícios (art. 791-A da CLT) e seja responsabilizado(a) por dano processual nos termos do art. 793-B, inciso II, da CLT.

Neste termos, pede deferimento.

[Local], [dia] de [mês] de [ano].

[Nome do advogado(a)]
OAB/[UF] n. _____

— 1.7 —
Audiência trabalhista e sentença

Abordaremos aqui a estrutura e o desenvolvimento da audiência (art. 813 da CLT), que pode ser realizada de forma **una** ou **fracionada** em inicial (conciliatória) e de prosseguimento (instrução).

Ainda, verificaremos as fases de tentativas de conciliação e razões finais (art. 850 da CLT), bem como os aspectos da sentença – arts. 831 e 832 da CLT (ato privativo do juiz).

Conforme esclarece Teixeira Filho (2009, p. 1.167), "o substantivo *audiência* é proveniente do latim *audientia* (ouvir, atender), significando, de modo geral, o ato pelo qual se ouve alguém ou alguma coisa", porém, na terminologia jurídica, tem sentido específico, porquanto designa a sessão, pública e solene, em que o juiz não só ouve as partes, as testemunhas, os peritos e outras pessoas – cujas declarações sejam úteis ou necessárias para o esclarecimento ou comprovação dos fatos da causa – como, também, pratica outros atos relativos ao procedimento [...]. (Teixeira Filho, 2009, p. 1.167)

A audiência trabalhista é importante evento que pode ensejar tentativa de acordo, delimitação da produção da prova oral, depoimento das partes, oitiva de testemunhas e julgamento da causa.

— 1.7.1 —
Audiência trabalhista inicial ou de conciliação

A audiência trabalhista tem como característica e finalidade principal a conciliação, tanto é que, após o pregão, verificada a presença das partes, o primeiro ato do juiz é efetuar tentativas de conciliação (art. 846 da CLT), razão pela qual, frequentemente, as audiências são fracionadas em inicial (conciliação) e de prosseguimento (de instrução).

> **Atenção!**
> O fracionamento da audiência em inicial e de prosseguimento é uma faculdade do juiz da causa.

A audiência é ato processual público, solene, substancial do processo, presidido pelo juiz, momento em que a causa é instruída, discutida e decidida. A publicidade da audiência está consagrada no art. 5º, inciso LX, da Constituição Federal de 1988, que determina "a publicidade dos atos processuais, estabelecendo que a lei só poderá restringi-la quando a defesa da intimidade ou interesse social" (Mendes; Branco, 2020, p. 426).

O procedimento previsto no art. 813 da CLT disciplina que:

- Audiência é realizada normalmente na sede da Vara.
- Entretanto, pode ser efetuada em outro local, desde que comunicada, por edital com a antecedência mínima de 24 horas.
- É um ato público, devendo ser desenvolvida em dias úteis, no horário das 8 h às 18 h, e com a duração máxima de 5 horas seguidas, salvo quando houver matéria urgente.

As audiências também podem ocorrer de forma virtual e ser gravadas para atestar maior veracidade dos atos produzidos.

Atos de audiência

A audiência inicial "é realizada na data designada pelo juízo, ato ao qual as partes deverão estar presentes. Iniciada a audiência, o juiz busca a conciliação entre as partes. Não havendo acordo, é recebida a defesa do reclamado (verbalmente ou em petição juntada pelo PJe)" (TRT4, 2021).

Se a "defesa estiver acompanhada de documentos, o juiz permitirá que o autor da ação tenha acesso a eles, podendo conceder prazo para manifestação sobre o conteúdo" (TRT4, 2021).

Pregão

O pregão é ato que antecede a audiência, ocasião em que o juiz verifica se as partes – reclamante, reclamado ou preposto, advogados – estão presentes para a realização da audiência. Vejamos o que estabelecem os arts. 814 e 815 da CLT:

> Art. 814. Às audiências deverão estar presentes, comparecendo com a necessária antecedência. os escrivães ou secretários.
>
> Art. 815. À hora marcada, o juiz ou presidente declarará aberta a audiência, sendo feita pelo secretário ou escrivão a chamada das partes, testemunhas e demais pessoas que devam comparecer.
>
> Parágrafo único. Se, até 15 (quinze) minutos após a hora marcada, o juiz ou presidente não houver comparecido, os presentes poderão retirar-se, devendo o ocorrido constar do livro de registro das audiências. (Brasil, 1943)

O ato do pregão, que antecipa as audiências, geralmente é feito pelo assessor do juiz em audiência, e as partes devem ficar atentas ao horário desta e à chamada para entrar na sala de sessão.

Presença das partes

É fundamental a presença das partes, conforme estipula o art. 844 da CLT:

> Art. 844. O não comparecimento do reclamante à audiência importa o arquivamento da reclamação, e o não comparecimento do reclamado importa revelia, além de confissão quanto à matéria de fato.
>
> § 1º Ocorrendo motivo relevante, poderá o juiz suspender o julgamento, designando nova audiência.
>
> § 2º Na hipótese de ausência do reclamante, este será condenado ao pagamento das custas calculadas na forma do art. 789 desta Consolidação, ainda que beneficiário da justiça gratuita, salvo se comprovar, no prazo de quinze dias, que a ausência ocorreu por motivo legalmente justificável. (Brasil, 1943)

Com a Reforma Trabalhista (Lei n. 13.467/2017), foi acrescentado o parágrafo 5º ao art. 844 da CLT, segundo o qual: "ainda que ausente o reclamado, presente o advogado na audiência, serão aceitos a contestação e os documentos eventualmente apresentados" (Brasil, 1943; 2017). Interessante é observar que a contestação e os documentos devem ser depositados no sistema eletrônico "até a audiência" (parágrafo único do art. 847 CLT), razão pela qual, com o comparecimento do advogado, entende-se pela aceitação dos documentos já depositados.

Tentativa de conciliação

O princípio da conciliação está presente no processo do trabalho, "como se infere da interpretação sistemática dos arts. 764, 831, 846, 857, 850, 852-E, 862 e 863 da CLT" (Leite, 2018, p. 705).

Conforme cita Leite (2018, p. 705), "nos processos submetidos aos procedimentos ordinário e sumário, há duas oportunidades em que o juiz deverá propor a conciliação. A primeira ocorre logo na abertura da audiência (CLT, art. 846) e a segunda, após a apresentação das razões finais pelas partes (CLT, art. 850)".

Provas e impugnação

Em sendo frustrada "a tentativa de conciliação na primeira audiência o juiz consulta as partes sobre as provas a serem produzidas, tais como perícias, expedição de precatórias, testemunhais e em relação a estas se comparecerão à audiência independentemente de intimação" (TRT4, 2021).

Caso tenham sido apresentados documentos com a resposta do réu, o juiz, atendendo ao disposto no art. 5º, inciso LV, da Constituição Federal e no art. 351 do CPC, concede ao reclamante prazo para manifestação.

Designação da audiência de prosseguimento

Após tentativa de conciliação infrutífera, o juiz fixa prazo para o reclamante manifestar-se sobre os documentos, verifica a necessidade de produção de provas e designa a audiência de prosseguimento em que deverão comparecer as partes e as testemunhas.

Ata de audiência

Todos os atos e ocorrências são registrados em ata de audiência (art. 851 da CLT), que, "em razão do atual sistema eletrônico dos processos, é assinada pelo juiz que dirigiu os trabalhos através de certificação digital" (TRT4, 2021).

Com a implantação do Processo Judicial Eletrônico na Justiça do Trabalho por intermédio da Resolução n. 136, de 4 de maio de 2014, do Conselho Superior da Justiça do Trabalho (CSJT), de acordo com seu art. 32, "As atas e os termos de audiência serão assinados digitalmente apenas pelo Juiz do Trabalho" (CSTJ, 2014).

Figura 1.1 – Fluxograma dos atos de audiência

```
Pregão → Identificação das partes → Tentativa de conciliação
                                              ↓
Ata de audiência ← Designação de audiência Prosseguimento ← Provas Impugnação
```

— 1.7.2 —
Audiência de prosseguimento

Na audiência de prosseguimento, após ser renovada a tentativa de conciliação (art. 846 da CLT), são colhidos os depoimentos das partes e das testemunhas. Explica Leite (2018, p. 702) que, tendo em vista a influência do "princípio da concentração dos atos processuais em audiência, o art. 845 da CLT determina que o reclamante e o reclamado comparecerão à audiência acompanhados das suas testemunhas, apresentando, nessa ocasião, as demais provas".

O depoimento das partes e das testemunhas estão disciplinados nos arts. 819 e 820 da CLT:

> Art. 819. O depoimento das partes e testemunhas que não souberem falar a língua nacional será feito por meio de intérprete nomeado pelo juiz ou presidente.
>
> § 1º Proceder-se-á da forma indicada neste artigo, quando se tratar de surdo-mudo, ou de mudo que não saiba escrever.
>
> § 2º As despesas decorrentes do disposto neste artigo correrão por conta da parte sucumbente, salvo se beneficiária de justiça gratuita.
>
> Art. 820. As partes e testemunhas serão inquiridas pelo juiz ou presidente, podendo ser reinquiridas, por seu intermédio, a requerimento dos vogais, das partes, seus representantes ou advogados. (Brasil, 1943)

As testemunhas que cada parte pode apresentar são limitadas de acordo com o procedimento adotado, razão pela qual, para cada rito, deve ser respeitado o número máximo de testemunhas, conforme mostra o quadro a seguir.

Quadro 1.9 – Procedimentos e número de testemunhas

Procedimento	Testemunhas
Sumário e ordinário – art. 821 da CLT	3 (três)
Inquérito para apuração de falta grave – art. 821 da CLT	6 (seis)
Sumaríssimo – art. 852-H, parágrafo 2º, da CLT	2 (duas)

Além disso, tendo em vista a previsão do art. 824 da CLT, para que "a prova testemunhal não seja contaminada, o juiz providenciará que o depoimento de uma testemunha não seja ouvido pelas demais testemunhas que serão ouvidas no processo" (Brasil, 1943).

Pode, "ainda, na referida audiência ocorrer o requerimento de outras provas se necessário for, tais como: perícias, expedição de cartas precatórias e rogatórias, requerimento de diligências" (TRT4, 2021), conforme arts. 818 a 830 da CLT, combinados com os arts. 369, 373, parágrafos 1º e 2º, 374 a 376, 400, 429 e 493 do CPC.

Superada a produção das provas, as partes podem apresentar razões finais (art. 850 da CLT), escritas ou orais (nesse caso, com duração de até 10 minutos cada uma).

Explica Leite (2018, p. 863) que "as razões finais, também chamadas de alegações finais, constituem faculdades conferidas às partes para se manifestarem nos autos logo depois da instrução e antes da prolação da sentença".

Com a posterior renovação da proposta conciliatória pelo juízo (arts. 831 e 850 da CLT) e não havendo acordo nem mais provas a serem produzidas, é encerrada a instrução, e os autos são conclusos ao magistrado para prolação da sentença.

— 1.8 —
Sentença

Sentença é ato judicial exclusivo do juiz (arts. 831 a 836 da CLT), que analisa todas as matérias discutidas no processo (Leite, 2018). O CPC, no parágrafo 1º de seu art. 203, dá novo conceito de sentença: "é pronunciamento por meio do qual o juiz, com fundamento nos arts. 485 e 487, põe fim à fase cognitiva do processo comum, bem como extingue a execução" (Brasil, 2015).

"O juiz julgará o processo sem resolução do mérito quando: acolher uma questão preliminar, hipótese em que a parte autora poderá propor nova ação contra o reclamado, depois de estar resolvido o problema que causou a extinção do processo" (Leite, 2018, p. 879).

O processo será julgado com resolução do mérito quando o juiz: acolher ou rejeitar, total ou parcialmente, os pedidos formulados pelas partes (decisão de mérito) (Leite, 2018).

— 1.8.1 —
Requisitos da sentença

De acordo com os termos do art. 832 da CLT, combinado com o art. 489 do CPC, são requisitos da sentença: (a) relatório – pequena síntese do processo; (b) fundamentação – argumentação seguida pelo juiz; e (c) conclusão, dispositivo ou *decisum* – trata-se de etapa simplificada, na qual está mencionada a parte da decisão que condena ou absolve o reclamado.

Ressaltamos que a ausência dos referidos requisitos pode levar à nulidade da sentença.

Portanto, a sentença é ato processual e, como tal, para ser válido e eficaz, não pode conter vícios sob pena de nulidade. As sentenças passíveis de nulidades são as que contêm vícios insanáveis:

a. inexistente – falta de investidura do juiz;
b. nulidade – ausência dos requisitos legais;
c. falta de fundamentação;
d. *citra petita* – decide aquém do pedido (omissão quanto a algo postulado);
e. *ultra petita* – decide além do pedido (p. ex.: postula-se 4, o juiz estipula 8);
f. *extra petita* – fora do pedido (diverso do postulado).

— 1.8.2 —
Classificação das sentenças

As sentenças são classificadas de acordo com a espécie de demanda apresentada em juízo, razão pela qual, portanto, podem ser declaratórias, constitutivas, condenatórias e mandamentais.

Sentença declaratória

Segundo Leite (2018, p. 888), "em todas as ações de conhecimento, existe um acertamento, ou seja, uma declaração acerca do objeto do processo", e cita como exemplo "a sentença que declara a inexistência de relação empregatícia".

Sentença constitutiva

É aquela que julga uma ação constitutiva, ou seja, a "que tem por objeto criar, modificar ou extinguir determinada relação jurídica" (Leite, 2018, p. 894). Citamos como exemplo a demanda que tem por objetivo a rescisão indireta do contrato de trabalho.

Sentença condenatória

É aquela que impõe "ao vencido uma obrigação de satisfazer o direito reconhecido judicialmente" (Leite, 2018, p. 895).

Sentença mandamental

É aquela que determina uma "ordem de conduta, determinando a imediata realização de um ato pela parte vencida ou sua abstenção quanto a certa prática" (Leite, 2018, p. 896). Ex.: feita para que o empregador pare de dar informações vexatórias sobre o empregado.

Figura 1.2 – Fluxograma da distribuição até a sentença

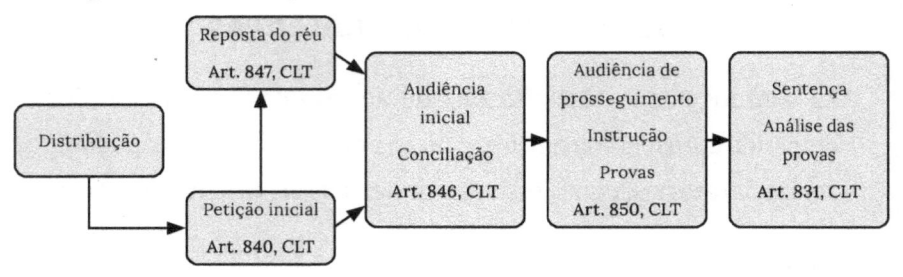

```
                    ┌──────────────┐
                    │ Reposta do réu│
                    │  Art. 847, CLT│
                    └──────▲───────┘
                           │
┌─────────────┐            │      ┌──────────────┐     ┌──────────────────┐     ┌──────────────┐
│Distribuição │            │      │  Audiência   │     │   Audiência de   │     │   Sentença   │
│             │────────────┼─────▶│    inicial   │────▶│  prosseguimento  │────▶│              │
└─────────────┘            │      │  Conciliação │     │    Instrução     │     │ Análise das  │
                           │      │              │     │     Provas       │     │    provas    │
                           │      │ Art. 846, CLT│     │  Art. 850, CLT   │     │ Art. 831, CLT│
                           │      └──────────────┘     └──────────────────┘     └──────────────┘
                    ┌──────┴───────┐
                    │Petição inicial│
                    │ Art. 840, CLT │
                    └──────────────┘
```

Capítulo 2

Recursos trabalhistas

O estudo etimológico da palavra *recurso* indica que ela "provém do latim (*recursos, us*), dando-nos a ideia de repetição de um caminho anteriormente percorrido" (Leite, 2018, p. 963).

Na esteira de autores como Jorge Neto e Cavalcante (2018); Malta (1991); Milhomens (1991); entre outros, Leite (2018, p. 963) cita que "na Antiguidade, a Justiça era uma emanação do poder real. Nessa época, havia a previsão para a parte, inconformada com a decisão de quem julgasse o feito, recorrer ao rei, que era o poder supremo do Estado".

Por sua vez, ensina Teixeira Filho (2009, p. 1.408) que a "reapreciação dos julgados, entretanto, não data do período reinol, como se possa supor; em verdade, é quase tão antiga quanto o próprio direito material dos povos".

— 2.1 —
Classificação dos recursos em relação ao processo do trabalho

Diversas são as formas de classificação dos recursos, como, por exemplo: em relação à extensão da matéria impugnada, podendo ser parciais ou totais; quanto à fonte normativa, podendo ser ordinários ou extraordinários; em razão da sucumbência, podendo ser comuns ou especiais; no que se refere à forma de interposição, podendo ser principais ou subordinados (adesivo – art. 997 do Código de Processo Civil – CPC) (Jorge Neto; Cavalcante, 2015).

Os recursos trabalhistas, de modo geral, são classificados de acordo com a finalidade e os efeitos de interposição, conforme explicam Jorge Neto e Cavalcante (2018, p. 822):

> a) finalidade: representa o objetivo do recurso quanto ao mérito da decisão impugnada. São: (1) dirigidos ao mérito ou não liberatórios (recurso ordinário, agravo de petição, revista, extraordinário e embargos no TST). Subdividem-se em reformativos – reforma total ou parcial da decisão impugnada – ou anulantes -a anulação da decisão impugnada; (2) não dirigidos ao mérito liberatórios (agravo de instrumento);
>
> b) efeitos de interposição: os recursos são divididos em devolutivos e suspensivos. O efeito devolutivo é inerente a todo e qualquer recurso. O aspecto devolutivo significa que com o recurso é devolvida ao juízo *ad quem* toda a matéria que é debatida no juízo *a quo*, desde que esteja inserida no apelo. Por sua vez, o efeito suspensivo é inerente à ideia de se permitir à execução do que foi decidido. Geralmente, a execução se processa mediante extração de carta de sentença. Como regra, os recursos trabalhistas somente são recebidos no efeito devolutivo (art. 899, CLT).

A classificação dos recursos visa identificar a aplicação destes em relação à matéria impugnada.

— 2.1.1 —
Recursos no processo do trabalho

No processo do trabalho, os recursos estão elencados no art. 893 da Consolidação das Leis do Trabalho (CLT), que assim dispõe: "Das decisões são admissíveis os seguintes recursos: I – embargos; II – recurso ordinário; III – recurso de revista; IV – agravo" (Brasil, 1943).

A Lei n. 9.957, de 12 de janeiro de 2000 (Brasil, 2000), acrescentou à CLT o art. 897-A, passando a incluir os embargos de declaração no rol dos recursos, mormente "quando se tratar de embargos interpostos contra omissão do julgado que possa ocasionar efeito modificativo da decisão", segundo tese defendida pelo Supremo Tribunal Federal (STF) no julgado REED n. 144.981 (Leite, 2018, p. 1.224).

Todos os recursos no processo do trabalho são recebidos apenas no efeito devolutivo, conforme o disciplinado no *caput* do art. 899 da CLT: "Os recursos serão interpostos por simples petição e terão efeito meramente devolutivo, salvo as exceções previstas neste Título, permitida a execução provisória até a penhora" (Brasil, 1943).

A exceção encontra-se no disposto no art. 14 da Lei n. 10.192, de 14 de fevereiro de 2001, ou seja, "O recurso interposto de decisão normativa da Justiça do Trabalho terá efeito suspensivo, na medida e extensão conferidas em despacho do Presidente do Tribunal Superior do Trabalho" (Brasil, 2001a).

— 2.2 —
Principiologia dos recursos

Os recursos, de forma geral, obedecem aos princípios relacionados no Quadro 2.1, a seguir.

Quadro 2.1 – Princípios dos recursos

Duplo grau de jurisdição	A garantia de recorrer tem proteção constitucional. O duplo grau está implícito no art. 5º, inciso LV, da CF/1988, bem como está previsto no pacto de São José da Costa Rica, art. 8º, "h" (Jorge Neto; Cavalcante, 2018).
Irrecorribilidade das decisões interlocutórias	No processo do trabalho, as decisões interlocutórias são irrecorríveis, conforme dispõe o art. 893, parágrafo 1º, da CLT.
Unicidade recursal ou absorção	Na CLT, não há previsão de mais de um recurso para o mesmo caso, razão pela quais os recursos são específicos para cada fase processual.
Taxatividade	Os recursos devem estar expressamente previstos em lei (Leite, 2018).
Variabilidade	É possível à parte variar de recurso, isto é, desde que, no prazo legal, ao apresentar o novo recurso, desista do anterior (Teixeira Filho, 2009).
Fungibilidade	Trata-se da aceitação pelo juiz de recurso interposto de forma errônea, desde que efetuado no prazo legal. Entretanto, em caso de erro grosseiro não há incidência do princípio da fungibilidade: Orientação Jurisprudencial n. 152 da SBDI-2 do Tribunal Superior do Trabalho (TST) (Leite, 2018; Brasil, 2008b).

(continua)

(Quadro 2.1 – conclusão)

Discursividade	O art. 899 da CLT menciona que o recurso será interposto por simples petição. Entretanto, "o contraditório é essencial no devido processo legal [...] [e] o recorrido tem o direito de se manifestar contra o teor das matérias ou do mérito do próprio recurso" (Jorge Neto; Cavalcante, 2018, p. 826).
Voluntariedade	O juiz somente prestará a tutela quando houver a provocação por parte do interessado: art. 2º do CPC (Jorge Neto; Cavalcante, 2018).
Proibição de *reformatio in pejus*	Proíbe que, no julgamento de um recurso, o órgão judicante superior profira decisão que piore o resultado meritório da demanda para o recorrente (Leite, 2018).

Os princípios aplicáveis aos recursos visam dar coerência e segurança ao sistema recursal do direito processual do trabalho.

— 2.3 —
Pressupostos recursais extrínsecos (ou objetivos) e intrínsecos (ou subjetivos)

Nesta seção, visando à elaboração das peças processuais, analisaremos os pressupostos essenciais para a interposição e o recebimento de todos os recursos.

Vale lembrar que, além dos pressupostos gerais para o recebimento das medidas, determinados recursos têm requisitos específicos, que serão abordados nas seções subsequentes.

— 2.3.1 —
Pressupostos recursais extrínsecos ou objetivos

Os pressupostos de admissibilidade extrínsecos, também denominados *objetivos*, são aqueles que estão diretamente relacionados aos aspectos externos dos recursos. São eles:

a. recorribilidade do ato, pressuposto que também é denominado *cabimento*: deve-se verificar se o ato judicial em questão é recorrível;

b. adequação: é importante que o recurso a ser interposto esteja em conformidade com a previsão legal;

c. tempestividade (prazo): os prazos dos recursos obedecem ao disposto no art. 6º da Lei n. 5.584, de 26 de junho de 1970 (Brasil, 1970), de 8 dias, salvo os embargos de declaração, cujo prazo é de 5 dias de acordo com o art. 897-A da CLT;

d. representação: sobre a possibilidade do *jus postulandi*, deve-se observar o disposto no art. 791 da CLT sobre a possibilidade do *jus postulandi* e o teor da Súmula n. 425 do TST:

> JUS POSTULANDI NA JUSTIÇA DO TRABALHO. ALCANCE. Res. 165/2010, DEJT divulgado em 30.04.2010 e 03 e 04.05.2010. O jus postulandi das partes, estabelecido no art. 791 da CLT, limita-se às Varas do Trabalho e aos Tribunais Regionais do Trabalho, não alcançando a ação rescisória, a ação cautelar, o mandado de segurança e os recursos de competência do Tribunal Superior do Trabalho. (Brasil, 2017c)

e. **preparo:** envolve as custas e o depósito específico para cada ato, obedecendo ao disposto nos arts. 789 e 899, parágrafos 1º a 11º, da CLT:

> Art. 789. Nos dissídios individuais e nos dissídios coletivos do trabalho, nas ações e procedimentos de competência da Justiça do Trabalho, bem como nas demandas propostas perante a Justiça Estadual, no exercício da jurisdição trabalhista, as custas relativas ao processo de conhecimento incidirão à base de 2% (dois por cento), observado o mínimo de R$ 10,64 (dez reais e sessenta e quatro centavos) e o máximo de quatro vezes o limite máximo dos benefícios do Regime Geral de Previdência Social, e serão calculadas: (Redação dada pela Lei nº 13.467, de 2017).
>
> [...]
>
> Art. 899. [...]
>
> § 1º Sendo a condenação de valor até 10 (dez) vezes o salário-mínimo regional, nos dissídios individuais, só será admitido o recurso inclusive o extraordinário, mediante prévio depósito da respectiva importância. Transitada em julgado a decisão recorrida, ordenar-se-á o levantamento imediato da importância de depósito, em favor da parte vencedora, por simples despacho do juiz.
>
> § 2º Tratando-se de condenação de valor indeterminado, o depósito corresponderá ao que for arbitrado, para efeito de custas, pela Junta ou Juízo de Direito, até o limite de 10 (dez) vezes o salário-mínimo da região.

§ 3º (Revogado pela Lei nº 7.033, de 5.10.1982)

§ 4º O depósito recursal será feito em conta vinculada ao juízo e corrigido com os mesmos índices da poupança.

§ 5º (Revogado). (Redação dada pela Lei nº 13.467, de 2017)

§ 6º Quando o valor da condenação, ou o arbitrado para fins de custas, exceder o limite de 10 (dez) vezes o salário--mínimo da região, o depósito para fins de recursos será limitado a este valor.

§ 7º No ato de interposição do agravo de instrumento, o depósito recursal corresponderá a 50% (cinquenta por cento) do valor do depósito do recurso ao qual se pretende destrancar.

§ 8º Quando o agravo de instrumento tem a finalidade de destrancar recurso de revista que se insurge contra decisão que contraria a jurisprudência uniforme do Tribunal Superior do Trabalho, consubstanciada nas suas súmulas ou em orientação jurisprudencial, não haverá obrigatoriedade de se efetuar o depósito referido no § 7º deste artigo.

§ 9º O valor do depósito recursal será reduzido pela metade para entidades sem fins lucrativos, empregadores domésticos, microempreendedores individuais, microempresas e empresas de pequeno porte. (Incluído pela Lei nº 13.467, de 2017).

§ 10. São isentos do depósito recursal os beneficiários da justiça gratuita, as entidades filantrópicas e as empresas em recuperação judicial. (Incluído pela Lei nº 13.467, de 2017)

§ 11. O depósito recursal poderá ser substituído por fiança bancária ou seguro garantia judicial. (Incluído pela Lei nº 13.467, de 2017). (Brasil, 1943; 2017)

No processo do trabalho, portanto, existem casos, principalmente relacionados ao reclamado recorrente, nos quais, para a interposição do recurso, faz-se necessário efetuar o pagamento de custas e do depósito recursal.

— 2.3.2 —
Pressupostos recursais intrínsecos ou subjetivos

Os pressupostos intrínsecos, também denominados *subjetivos*, dizem respeito aos sujeitos recorrentes, ou seja, envolvem:

a. legitimação: habilitação outorgada pela lei (art. 996 do CPC) para interpor o recurso;
b. capacidade: trata-se, aqui, da capacidade processual, ou seja, a de estar em juízo, de ser parte (art. 793 da CLT e arts. 3º e 4º do Código Civil);
c. interesse: necessidade de pedir a proteção jurisdicional ao órgão *ad quem* pela via recursal, uma vez que, na ótica do recorrente, seu direito não foi protegido ou, então, foi violado pelo órgão jurisdicional;
d. competência: o juízo ou o órgão a que é direcionado o recurso é o competente para analisar a insurgência do recorrente (Jorge Neto; Cavalcante, 2018).

— 2.4 —
Embargos de declaração

Após a publicação da decisão, de acordo com o disposto no art. 494 do CPC, esta não mais pode ser modificada, salvo para corrigir inexatidões materiais ou erros de cálculo, o que pode ser efetuado de ofício ou mediante a provocação da parte por embargos de declaração, conforme art. 897-A da CLT.

Os embargos de declaração, segundo o disposto no art. 897-A da CLT e nos arts. 1.022 e seguintes do CPC, têm a finalidade de elucidar obscuridade, omissão, contradição ou erro material.

— 2.4.1 —
Apresentação

De acordo com a disciplina do art. 897-A da CLT e do art. 1.022 do CPC, cabem embargos de declaração em relação a sentença ou acórdão, no prazo de 5 dias, que apresente obscuridade, omissão, contradição ou erro material.

Se os embargos forem apresentados em casos de omissão e contradição, podem ser recebidos com efeito modificativo, oportunidade em que serão dadas vistas à parte contrária para manifestação, antes da decisão em relação ao questionado na peça processual (art. 897-A, § 2º, da CLT).

Os embargos de declaração, conforme prevê o parágrafo 3º do art. 897 da CLT, "interrompem o prazo para interposição de outros recursos, por qualquer das partes, salvo quando intempestivos, irregular a representação da parte ou ausente a sua assinatura" (Brasil, 1943).

Atenção!

Se os embargos forem considerados protelatórios, a parte pode ser condenada a pagar multa – é o que estabelecem os parágrafos 2º a 4º do art. 1.026 do CPC, aplicados subsidiariamente ao processo do trabalho:

> § 2º Quando manifestamente protelatórios os embargos de declaração, o juiz ou o tribunal, em decisão fundamentada, condenará o embargante a pagar ao embargado multa não excedente a dois por cento sobre o valor atualizado da causa.
>
> § 3º Na reiteração de embargos de declaração manifestamente protelatórios, a multa será elevada a até dez por cento sobre o valor atualizado da causa, e a interposição de qualquer recurso ficará condicionada ao depósito prévio do valor da multa, à exceção da Fazenda Pública e do beneficiário de gratuidade da justiça, que a recolherão ao final.
>
> § 4º Não serão admitidos novos embargos de declaração se os 2 (dois) anteriores houverem sido considerados protelatórios. (Brasil, 2015)

Os embargos de declaração também se destinam a demonstrar o prequestionamento de matéria a ser apreciada em recurso, de acordo com os termos da Súmula n. 297 do TST:

> PREQUESTIONAMENTO. OPORTUNIDADE. CONFIGURAÇÃO.
>
> 1. Diz-se prequestionada a matéria ou questão quando na decisão impugnada haja sido adotada, explicitamente, tese a respeito.
>
> 2. Incumbe à parte interessada, desde que a matéria haja sido invocada no recurso principal, opor embargos declaratórios objetivando o pronunciamento sobre o tema, sob pena de preclusão.
>
> 3. Considera-se prequestionada a questão jurídica invocada no recurso principal sobre a qual se omite o Tribunal de pronunciar tese, não obstante opostos embargos de declaração. (Brasil, 2017c)

Os embargos de declaração têm como finalidade, portanto, corrigir erros materiais e, em caso de omissão, completar e até mesmo demonstrar que a matéria objeto de recursos próprios foi devidamente analisada.

— 2.4.2 —
Estrutura dos embargos de declaração

Nos tópicos seguintes, apresentamos a estrutura da peça processual, que deve conter no mínimo: endereçamento, qualificação das partes, identificação jurídica da peça (ver exemplo a seguir), além da demonstração das questões a serem sanadas quanto à decisão e do requerimento final.

Exemplo

EXCELENTÍSSIMO SENHOR DOUTOR JUIZ DO TRABALHO DA _____ VARA DO TRABALHO DE [Cidade], [UF]

Processo n. _____

[Nome do embargante], já qualificado nos autos, vem, por seu(s) advogado(s), com procuração nos autos, opor **EMBARGOS DE DECLARAÇÃO**, com fulcro no art. 897-A da CLT, em face da decisão proferida nos autos em referência em que contende com **[Nome do embargado]**, o faz conforme pressupostos e fundamentos a seguir:

1. DOS PRESSUPOSTOS DE ADMISSIBILIDADE:

O embargante foi intimado da sentença na data de [dd/mmm/aaaa].

O embargante encontra-se representado pelo(s) advogado(s) _____.

Mérito

Neste item, o embargante aponta as razões de sua insurgência em relação à decisão proferida, apontando um ou mais pontos conforme a previsão dos arts. 897-A da CLT e 1.022 do CPC, ou seja:

- erro material: erro de digitação, erro de nomes, números – o famoso "recorta e cola";
- contradição: quando o juiz expõe argumentos que se contradizem;
- omissão: quando o juiz deixa de se manifestar sobre algum ponto da defesa ou da inicial;
- obscuridade: quando não é possível entender o que o juiz quis dizer.

Pode, ainda, a parte apresentar os embargos com a finalidade de prequestionamento para fins de conhecimento de recurso a ser interposto.

Requerimento final e encerramento

Diante do exposto, o embargante deve requerer o conhecimento e o provimento dos embargos de declaração para que sejam sanados o erro material, a contradição, a obscuridade e a omissão retrocitadas.

Considerando o efeito modificativo dos embargos de declaração, também deve requerer a intimação do embargado para ofertar contrarrazões no prazo de 5 dias, como reza o parágrafo 2º do art. 897-A da CLT.

> **Exemplo**
> Nestes termos, pede deferimento.
> [Local], [dia] de [mês] de [ano].
>
> **[Nome do advogado(a)]**
> OAB/[UF] n. _____

Figura 2.1 – Fluxograma dos embargos de declaração

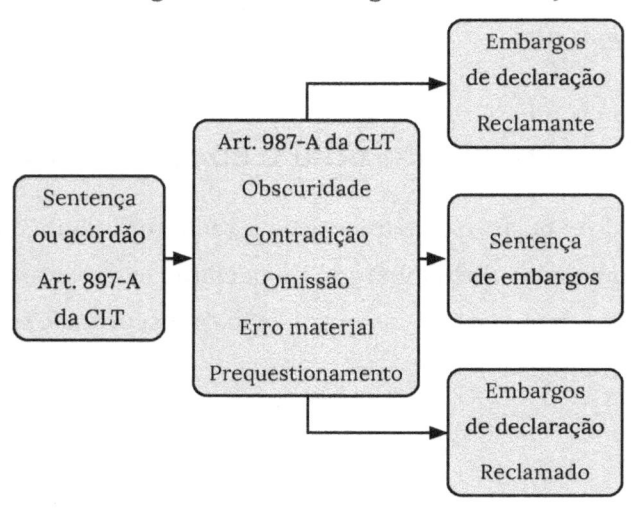

```
                                          ┌────────────────┐
                                          │   Embargos     │
                                          │  de declaração │
                                          │                │
                                          │   Reclamante   │
                                          └────────────────┘
                                                 ▲
                          ┌──────────────────┐   │
                          │ Art. 987-A da CLT│   │
┌────────────────┐        │                  │   │   ┌────────────────┐
│   Sentença     │        │   Obscuridade    │   │   │   Sentença     │
│  ou acórdão    │───────▶│   Contradição    │───┼──▶│  de embargos   │
│   Art. 897-A   │        │   Omissão        │   │   │                │
│    da CLT      │        │  Erro material   │   │   └────────────────┘
└────────────────┘        │ Prequestionamento│   │
                          └──────────────────┘   │   ┌────────────────┐
                                                 │   │   Embargos     │
                                                 └──▶│  de declaração │
                                                     │                │
                                                     │   Reclamado    │
                                                     └────────────────┘
```

Alertamos para o fato de que, caso ocorram na "decisão evidentes erros ou enganos de escrita, de datilografia ou de cálculo, poderão os mesmos, antes da execução, ser corrigidos *ex ofício* ou a requerimento os interessados ou da Procuradoria da Justiça do Trabalho", conforme o disposto no art. 833 da CLT (Brasil, 1943).

— 2.5 —
Recurso ordinário

Nesta seção, abordaremos os pressupostos e a estrutura do recurso ordinário (art. 895 da CLT).

De início, alertamos para o fato de que o recurso ordinário previsto no art. 895 da CLT não se confunde com o previsto nos arts. 102, inciso II, e 105, inciso II, da Constituição Federal de 1988 (Leite, 2018).

Teixeira Filho (2009, p. 1.580) esclarece que o "recurso ordinário trabalhista corresponde, em essência e sob o aspecto finalístico, à apelação do processo civil", e complementa: "conquanto não seja difícil apontar-se naturais diferenças de forma (ou extrínsecas) entre um e outro, que atendem às singularidades dos respectivos ordenamentos jurídicos em que se inserem esses meios de impugnação às resoluções jurisdicionais".

De acordo com o art. 895 da CLT:

> Art. 895. Cabe recurso ordinário para a instância superior:
>
> I – das decisões definitivas ou terminativas das Varas e Juízos, no prazo de 8 (oito) dias; e
>
> II – das decisões definitivas ou terminativas dos Tribunais Regionais, em processos de sua competência originária, no prazo de 8 (oito) dias, quer nos dissídios individuais, quer nos dissídios coletivos. (Brasil, 1943)

O recurso ordinário reflete o princípio do duplo grau de jurisdição.

— 2.5.1 —
Requisitos

Os pressupostos de admissibilidade do recurso ordinário estão diretamente relacionados aos requisitos gerais, ou seja, requisitos extrínsecos e intrínsecos já mencionados, em especial:

a. Preparo (custas e depósito recursal), obedecendo ao disposto nos artigos 789 e 899, parágrafos 1º a 11, da CLT;

b. Prazo: de 8 dias, contados da data da publicação da sentença, ou regular intimação da decisão (art. 895 da CLT), ou, em se tratando da União, de estados, de municípios, de autarquias e de fundações de direito público, 16 dias para apresentar o recurso ordinário, nos termos do Decreto-Lei n. 779, de 21 de agosto de 1969 (Brasil, 1969);

c. Representação: sobre a possibilidade do *jus postulandi*, observar o disposto no art. 791 da CLT na Súmula n. 425 do TST (Brasil, 2017c).

— 2.5.2 —
Estrutura

Os recursos são interpostos em uma instância (juízo *a quo*) e remetidos para a instância superior (juízo *ad quem*) para serem julgados. Para tanto, apresentam duas partes:

1. a petição de interposição, que é dirigida ao juízo *a quo*, aquele que proferiu a decisão que está sendo impugnada;
2. as razões que são dirigidas ao juízo *ad quem*, o Tribunal Regional que vai julgar o recurso.

Vejamos, a seguir, a estrutura do requerimento direcionado ao Juízo *a quo*.

a. Endereçamento ao Juízo *a quo*.
b. Identificação do número do processo.
c. Menção de que o recorrente já está qualificado nos autos.
d. Previsão legal da peça – art. 895 da CLT.
e. Verbo: *interpor*.
f. Menção ao preparo e à tempestividade
g. Requerimento do recebimento do recurso ordinário e a devida remessa dos autos à instância superior (TRT ou TST).
h. Encerramento: local, data e assinatura.

Quadro 2.2 – Modelo de requerimento direcionado ao Juízo *a quo*

EXCELENTÍSSIMO SENHOR DOUTOR JUIZ DA _____ VARA DO TRABALHO DE [Cidade], [UF]

Autos n. _____

[Nome do requerente], já qualificado nos autos em referência, onde contende com [Nome da parte contrária], respeitosamente, comparece à presença de Vossa Excelência, não se conformando, *data venia*, com parte da decisão dessa MM. Junta, vem com fundamento no art. 895 da CLT, interpor **RECURSO ORDINÁRIO** para o Egrégio Tribunal Regional do Trabalho, requerendo sejam as razões a esta petição anexadas, remetidas à superior instância.

[Indicar tempestividade e preparo – com relação ao preparo, analisar o disposto nos arts. 789 e 899 da CLT.]

Nestes termos, pede deferimento.

[Local], [dia] de [mês] de [ano].

[Nome do advogado(a)]

OAB/[UF] n. _____ [certificado digital]

Vejamos, a seguir, a estrutura das razões de recurso.

a. Cabeçalho para o TRT.
b. Pressupostos recursais.
c. Razões de recurso.
d. Pedidos.
e. Encerramento: local, data e assinatura.

Quadro 2.3 – Modelo das razões de recurso ordinário

EGRÉGIO TRIBUNAL REGIONAL DO TRABALHO DA _____ REGIÃO.

RECORRENTE: _____

RECORRIDO: _____

RAZÕES DE RECURSO ORDINÁRIO

Autos n. _____ da Vara do Trabalho de [Cidade], [UF]

Senhores Julgadores,

Pleiteou a recorrente, perante a MM. Vara do Trabalho de [Cidade], [UF], o pagamento das horas extras e consectários, entre outros pedidos.

HORAS EXTRAS

Neste ponto, a recorrente pleiteou _____.

Porém, o MM. Juiz *a quo*, de forma equivocada decidiu da seguinte forma, *verbis*: "com base na prova oral _____".

Entretanto, a prova carreada aos autos demonstra_____.

Portanto, Senhores Julgadores, efetivamente deve ser reformada a respeitável sentença *a quo*, haja vista que, diante das provas, seja fixada como horário de término da jornada de segunda a sexta-feira às _____, coadunando-se, dessa forma, com o demonstrado nos autos.

Diante do exposto, está certo à recorrente que o presente recurso será conhecido e a ele será dado integral provimento, como medida de costumeira Justiça!

[Local], [dia] de [mês] de [ano].

[Nome do advogado(a)]

OAB/[UF] n. _____ [certificado digital]

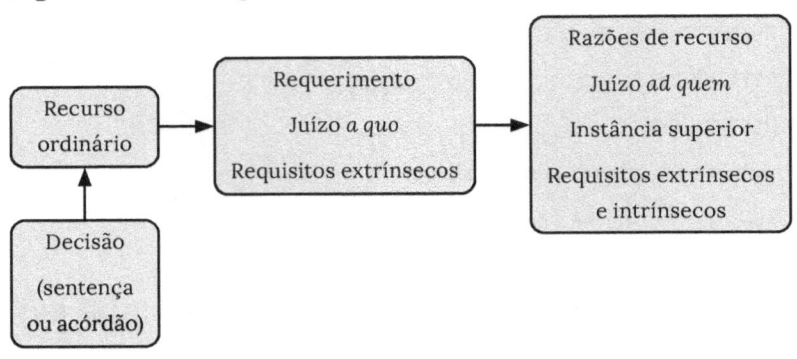

Figura 2.2 – Fluxograma do recurso ordinário

```
┌─────────────┐     ┌──────────────────┐     ┌──────────────────────┐
│   Recurso   │     │   Requerimento   │     │  Razões de recurso   │
│  ordinário  │ ──▶ │   Juízo a quo    │ ──▶ │   Juízo ad quem      │
│             │     │                  │     │  Instância superior  │
└─────────────┘     │Requisitos        │     │Requisitos extrínsecos│
       ▲            │extrínsecos       │     │   e intrínsecos      │
       │            └──────────────────┘     └──────────────────────┘
┌─────────────┐
│   Decisão   │
│  (sentença  │
│ ou acórdão) │
└─────────────┘
```

— 2.6 —
Recurso de revista

O recurso de revista tem como finalidade a uniformização da jurisprudência pátria, bem como a proteção à norma constitucional.

Para Leite (2018, p. 119), "é certo que a revista, como todos os demais recursos, tem por objeto aprimorar a excelência e a qualidade dos pronunciamentos judiciais em geral e rechaçar os arbítrios e ilegalidades que eventualmente possam ocorrer nas decisões proferidas pelos tribunais regionais".

Ainda explica Leite (2018, p. 1.120) que o recurso de revista:

> é uma modalidade recursal que objetiva corrigir a decisão que violar a literalidade da lei ou da Constituição Federal e a uniformizar a jurisprudência nacional, concernente à aplicação dos princípios e regras de direito objetivo (direito do

trabalho, direito processual do trabalho, direito constitucional, direito civil, direito processual civil, etc.) que guardem alguma vinculação com a atividade jurisdicional da Justiça do Trabalho.

Tanto é assim que esse recurso exige, para que seja conhecido, que sejam cumpridos requisitos especiais, conforme veremos a seguir.

— 2.6.1 —
Requisitos gerais e específicos do recurso de revista

Para a admissibilidade do recurso de revista, é necessário não somente atender aos requisitos gerais (extrínsecos e intrínsecos), mas também demonstrar de forma inequívoca a violação ou as divergências previstas no art. 896, alíneas "a" a "c", da CLT, além da observância dos requisitos especiais relacionados nos incisos I a IV do parágrafo 1º-A do referido artigo.

Requisitos gerais

São requisitos gerais os seguintes elementos:

a. Prazo: de 8 dias, contados da data da publicação da sentença, ou regular intimação da decisão (art. 896 da CLT), ou, em se tratando da União, de estados, de municípios, de autarquias e de fundações de direito público, 16 dias para apresentar o recurso de revista, nos termos do Decreto-Lei n. 779/1969.

b. Preparo (custas e depósito recursal), obedecendo ao disposto nos arts. 789 e 899, parágrafos 1º a 11, da CLT.
c. Representação: nesse caso, somente o advogado regularmente constituído pode interpor o referido recurso, consoante os termos da Súmula n. 425 do TST (Brasil, 2017c).

Requisitos específicos (arts. 896, parágrafo 1º-A, e 896-A)

Como requisitos específicos, é preciso observar:

a. "indicar o trecho da decisão recorrida que consubstancia o prequestionamento da controvérsia" (Brasil, 1943, inciso I, art. 896, § 1º-A);
b. "indicar, de forma explícita e fundamentada, contrariedade a dispositivo de lei, súmula ou orientação jurisprudencial do Tribunal Superior do Trabalho que conflite com a decisão regional" (Brasil, 1943, inciso II, art. 896, § 1º-A);
c. "expor as razões do pedido de reforma, impugnando todos os fundamentos jurídicos da decisão recorrida" (Brasil, 1943, inciso III, art. 896, § 1º-A);
d. "efetuar a demonstração analítica de cada dispositivo de lei, da Constituição Federal, de súmula ou orientação jurisprudencial cuja contrariedade aponte" (Brasil, 1943, inciso III, art. 896, § 1º-A);
e. "Transcrever a matéria préquestionada em Embargos de declaração" (Brasil, 1943, inciso IV, art. 896, § 1º-A);

f. Demonstrar a transcendência nos termos do § 1º do art. 896-A da CLT:

> § 1º São indicadores de transcendência, entre outros:
>
> I – econômica, o elevado valor da causa;
>
> II – política, o desrespeito da instância recorrida à jurisprudência sumulada do Tribunal Superior do Trabalho ou do Supremo Tribunal Federal;
>
> III – social, a postulação, por reclamante-recorrente, de direito social constitucionalmente assegurado; (Incluído pela Lei nº 13.467, de 2017)
>
> IV – jurídica, a existência de questão nova em torno da interpretação da legislação trabalhista. (Brasil, 1943)

Ressalta Leite (2018, p. 1.133) sobre a transcendência que

> o novel parágrafo 1º do art. 896-A da CLT, com redação dada pela Lei nº 13.467/2017, procurou utilizar critérios dogmáticos objetivos como "indicadores de transcendência, dentre outros". Ocorre que a expressão "dentre outros" pode ensejar decisões com elevado subjetivismo do Relator (ou do colegiado).

A falta de atendimento de qualquer um dos requisitos de admissibilidade conduz ao não conhecimento das razões de recurso.

— 2.6.2 —
Cabimento

De acordo com os termos do art. 896 da CLT:

> Art. 896. Cabe recurso de revista para Turma do Tribunal Superior do Trabalho das decisões proferidas em grau de recurso ordinário, em dissídio individual, pelos Tribunais Regionais do Trabalho, quando:
>
> a) derem ao mesmo dispositivo de lei federal interpretação diversa da que lhe houver dado outro Tribunal Regional do Trabalho, no seu Pleno ou Turma, ou a Seção de Dissídios Individuais do Tribunal Superior do Trabalho, ou contrariarem súmula de jurisprudência uniforme dessa Corte ou súmula vinculante do Supremo Tribunal Federal [...];
>
> b) derem ao mesmo dispositivo de lei estadual, Convenção Coletiva de Trabalho, Acordo Coletivo, sentença normativa ou regulamento empresarial de observância obrigatória em área territorial que exceda a jurisdição do Tribunal Regional prolator da decisão recorrida, interpretação divergente, na forma da alínea a [...];
>
> c) proferidas com violação literal de disposição de lei federal ou afronta direta e literal à Constituição Federal [...].

> **Atenção!**
> Súmula n. 126 do TST: "RECURSO. CABIMENTO (mantida)–Res. 121/2003, DJ 19, 20 e 21.11.2003. Incabível o recurso de revista ou de embargos (arts. 896 e 894, "b", da CLT) para reexame de fatos e provas" (Brasil, 2017c).

— 2.6.3 —
Estrutura

Os recursos de revista, assim como os demais recursos, são interpostos em uma instância (Tribunal Regional, juízo *a quo*) e remetidos para a instância superior (Tribunal Superior do Trabalho, juízo *ad quem*), com vistas a serem julgados, porém de forma especial, pois devem ser atendidos, para fins de admissibilidade, já no juízo *a quo*, todos os requisitos constantes do disposto no art. 896, alíneas "a" a "c", e seus parágrafos, da CLT.

Vejamos, a seguir, a estrutura da peça direcionada ao Tribunal Regional.

a. Endereçamento ao Presidente do Tribunal Regional.
b. Identificação do número do processo.
c. Menção de que o recorrente já está qualificado nos autos.

d. Previsão legal da peça: art. 896, alíneas: "a", "b" ou "c" da CLT.
e. Verbo: *interpor*.
f. Menção ao preparo e à tempestividade.
g. Requerimento do recebimento do recurso ordinário e a devida remessa dos autos à instância superior TST.
h. Encerramento: local, data e assinatura.

Quadro 2.4 – Modelo de petição de interposição ao Tribunal Regional

EXCELENTÍSSIMO SENHOR DOUTOR DESEMBARGADOR PRESIDENTE DO TRIBUNAL REGIONAL DO TRABALHO

Autos n. _____

[**Nome do requerente**], já qualificado nos autos em referência, onde contende com [**Nome da parte contrária**], respeitosamente, comparece à presença de Vossa Excelência, não se conformando, *data venia*, com parte da decisão desse egrégio regional, vem, com fundamento no art. 896, alínea "___", da CLT, interpor **RECURSO DE REVISTA** para o Egrégio Tribunal Superior do Trabalho, requerendo sejam as razões a esta petição anexadas remetidas à superior instância.

[Indicar tempestividade e preparo.]

Nestes termos, pede deferimento.

[Local], [dia] de [mês] de [ano].

[**Nome do advogado(a)**]

OAB/[UF] n. _____

Vejamos, agora, a estrutura das razões direcionadas ao TST.

a. Cabeçalho direcionado para o TST.
b. Pressupostos recursais gerais e mais os requisitos especiais relacionados nos incisos I a IV do parágrafo 1º-A do art. 896 da CLT.
c. Razões de recurso.
d. Pedidos.
e. Encerramento: local, data e assinatura.

Quadro 2.5 – Modelo de razões de recurso de revista

COLENDO TRIBUNAL SUPERIOR DO TRABALHO

RECORRENTE: _____

RECORRIDO: _____

RAZÕES DE RECURSO DE REVISTA

Autos n. _____ Tribunal Regional do Trabalho da _____ Região

Senhores Julgadores,

Pleiteou a recorrente, perante o Tribunal Regional do Trabalho da _____ Região, a reforma dos seguintes itens:

[Descrever os pontos pleiteados].

Entretanto, o Regional, de modo equivocado, decidiu da seguinte forma, *in verbis*: "com base na Súmula e norma constitucional [completar a transcrição do trecho da decisão recorrida]".

Entretanto, a decisão viola frontalmente o disposto em decisão do Regional _____ e no disposto na Súmula n. _____ deste Colendo TST.

(continua)

(Quadro 2.5 – conclusão)

Além disso, foram aqui atendidos os requisitos especiais relacionados nos incisos I a IV do parágrafo 1º-A do art. 896 da CLT:

a. indicado o trecho da decisão recorrida que consubstancia o prequestionamento da controvérsia;
b. indicado, de forma explícita e fundamentada, contrariedade a dispositivo de lei, súmula ou orientação jurisprudencial do Tribunal Superior do Trabalho que conflite com a decisão regional;
c. expostas as razões do pedido de reforma, impugnando todos os fundamentos jurídicos da decisão recorrida;
d. efetuada a demonstração analítica de cada dispositivo de lei, da Constituição Federal, de súmula ou orientação jurisprudencial cuja contrariedade aponte;
e. transcrita a matéria prequestionada em embargos de declaração.

Portanto, Senhores Julgadores, efetivamente deve ser reformado o respeitável Acórdão regional, haja vista estar demonstrada a VIOLAÇÃO à norma legal e à Súmula do C. TST.

Diante do exposto, está certo a recorrente que o presente RECURSO DE REVISTA será conhecido e a ele dado integral provimento, como medida de costumeira

Justiça!

[Local], [dia] de [mês] de [ano].

[Nome do advogado(a)]

OAB/[UF] n. _____

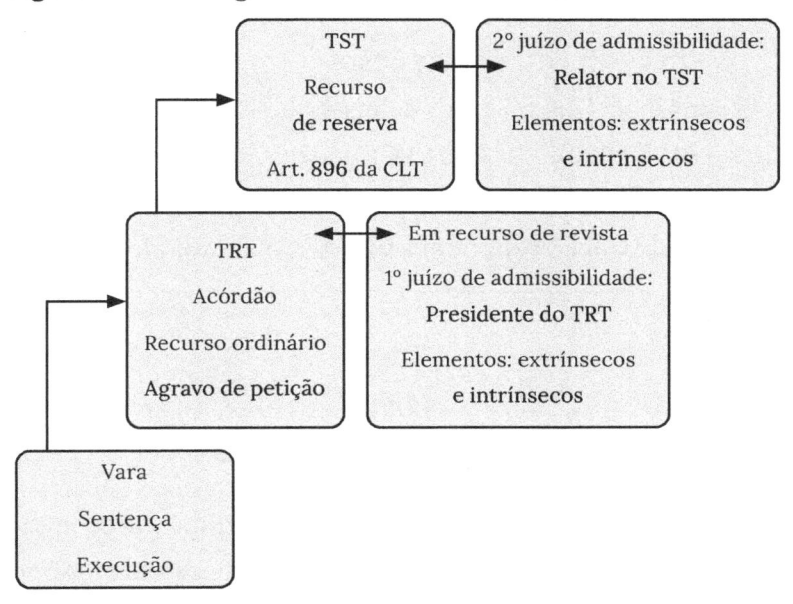

Figura 2.3 – Fluxograma do recurso de revista

```
                    ┌──────────────────┐      ┌──────────────────────────────┐
                    │       TST        │      │ 2º juízo de admissibilidade: │
              ┌────▶│     Recurso      │◀────▶│       Relator no TST         │
              │     │   de reserva     │      │ Elementos: extrínsecos       │
              │     │  Art. 896 da CLT │      │      e intrínsecos           │
              │     └──────────────────┘      └──────────────────────────────┘
              │     ┌──────────────────┐      ┌──────────────────────────────┐
              │     │       TRT        │◀──── │    Em recurso de revista     │
              │     │     Acórdão      │      │ 1º juízo de admissibilidade: │
              └────▶│ Recurso ordinário│      │      Presidente do TRT       │
                    │ Agravo de petição│      │ Elementos: extrínsecos       │
                    └──────────────────┘      │      e intrínsecos           │
                    ┌──────────────────┐      └──────────────────────────────┘
                    │       Vara       │
                    │     Sentença     │
                    │     Execução     │
                    └──────────────────┘
```

O recurso de revista é eminentemente técnico, pois seu conhecimento depende do atendimento dos pressupostos específicos.

— 2.7 —
Agravo de instrumento

O agravo de instrumento previsto no art. 897, alínea "b", da CLT tem finalidade específica de destrancar recurso, totalmente diferente da finalidade dada àquela peça processual existente no sistema processual civil.

> **Atenção!**
> Não confundir com o agravo de instrumento do processo civil (arts. 1.015 a 1.020 e 1.042 do CPC), que tem como finalidade atacar de imediato as decisões interlocutórias, o que não ocorre no processo do trabalho, por força do art. 893, parágrafo 1º, da CLT.

— 2.7.1 —
Finalidade e requisitos

No processo do trabalho, o agravo de instrumento cabe tão somente para impugnar os "despachos que denegarem a interposição do recurso", conforme o disposto na alínea "b" do art. 897 da CLT (Brasil, 1943).

Ressaltamos, ainda, que o agravo de instrumento interposto contra despacho que não receber agravo de petição **não suspende a execução de sentença**. O prazo para a interposição do recurso é de 8 dias, nos termos do *caput* do art. 897 da CLT.

A depender do caso, quando a parte agravante for o reclamado, este deve efetuar o depósito de 50% do valor do depósito do recurso que se pretende destrancar, consoante os termos do art. 899, parágrafo 7º, da CLT.

No que se refere ao translado de peças para a formação de autos apartados, consoante o disposto no parágrafo 3º do art. 897 da CLT, após a implantação do Processo Judicial

Eletrônico (PJe), não há mais autos físicos, razão pela qual não há de se falar em translado de peças ou formação de instrumento, uma vez que o órgão *ad quem* tem acesso a todas as peças e documentos do processo eletrônico.

O PJe foi implantado na Justiça do Trabalho pela Resolução n. 136, de 4 de maio de 2014, do Conselho Superior da Justiça do Trabalho (CSTJ), e seu art. 34 assim dispõe:

> Art. 34. A partir da implantação do PJe-JT no segundo grau de jurisdição dos Tribunais Regionais do Trabalho, será dispensada a formação de autos suplementares em casos de exceção de impedimento ou suspeição, agravos de instrumento, agravos regimentais e agravo previsto no art. 557 do Código de Processo Civil. (CSTJ, 2014)

Portanto, não há mais a necessidade de relacionar e transladar peças para a formação do agravo de instrumento.

Vejamos, a seguir, os requisitos de admissibilidade do agravo de instrumento no processo trabalhista.

a. Endereçamento ao juízo *a quo*.
b. Identificação do número do processo.
c. Menção de que o agravante já está qualificado nos autos.
d. Previsão legal da peça: art. 897, alínea "b", da CLT.
e. Verbo: *interpor*.
f. Preparo (art. 889, § 7º, da CLT) e tempestividade (*caput* do art. 897, da CLT).

g. Requerimento do recebimento do agravo e o prosseguimento do recurso, a devida remessa dos autos à instância superior (TRT ou TST).

h. Encerramento: local, data e assinatura.

Quadro 2.6 – Modelo de requerimento direcionado ao juiz *a quo*

EXCELENTÍSSIMO SENHOR DOUTOR JUIZ DA ____ VARA DO TRABALHO DE [Cidade], [UF]

Autos n. ____

[**Nome do requerente**] já qualificado nos autos em referência, onde contende com [**Nome da parte contrária**], respeitosamente, comparece à presença de Vossa Excelência, não se conformando, *data venia*, com o despacho dessa MM. Vara, que denegou seguimento a recurso, vem, com fundamento no art. 897, alínea "b", da CLT, interpor **AGRAVO DE INSTRUMENTO** em recurso ordinário para o Egrégio Tribunal Regional do Trabalho, requerendo sejam as razões a esta petição anexadas remetidas à superior instância.

[Indicar tempestividade e preparo.]

Nestes termos, pede deferimento.

[Local], [dia] de [mês] de [ano].

[**Nome do advogado(a)**]

OAB/[UF] n. _____

As razões de recurso no agravo de instrumento são denominadas *minuta* e devem obedecer aos requisitos a seguir elencados.

a. Cabeçalho para o TRT ou TST.

b. Pressupostos recursais.

c. Minuta de agravo.
d. Pedidos.
e. Retratação.
f. Recebimento, provimento e conhecimento do agravo e do recurso obstado.
g. Encerramento.
h. Local, data e assinatura.

Quadro 2.7 – Modelo de minuta de agravo

EGRÉGIO TRIBUNAL REGIONAL DO TRABALHO DA _____ REGIÃO

AGRAVANTE: _____

AGRAVADO: _____

MINUTA DE AGRAVO DE INSTRUMENTO

Autos n. _____ da Vara do Trabalho de [Cidade], [UF]

Senhores Julgadores,

O MM. Juiz da Vara do Trabalho de [Cidade], [UF] achou por bem indeferir o processamento do recurso de ordinário, sob o argumento de que: "a medida processual é intempestiva [completar a transcrição do argumento]".

Entretanto, Senhores Julgadores, equivocado foi o despacho denegatório, uma vez que não considerou que, no último dia do prazo, ocorrera uma interrupção nos sistemas de processamento do tribunal, consoante certidão expedida pela própria Presidência do Tribunal Regional.

Assim, efetivamente merece ser reformado o despacho denegatório da remessa do recurso ordinário, determinando-se processamento, prosseguimento e julgamento do recurso obstado.

(continua)

(Quadro 2.7 – conclusão)

Ante o exposto, requer-se:

a. seja reconsiderado o despacho denegatório, admitindo-se o regular processamento do recurso interposto;
b. em não ocorrendo a reconsideração, seja o presente agravo de instrumento conhecido e provido e, com isso, conhecendo-se do recurso ordinário interposto, como medida de lídima Justiça!

[Local], [dia] de [mês] de [ano].

[Nome do advogado(a)]

OAB/[UF] n. _____

Figura 2.4 – Fluxograma do agravo de instrumento

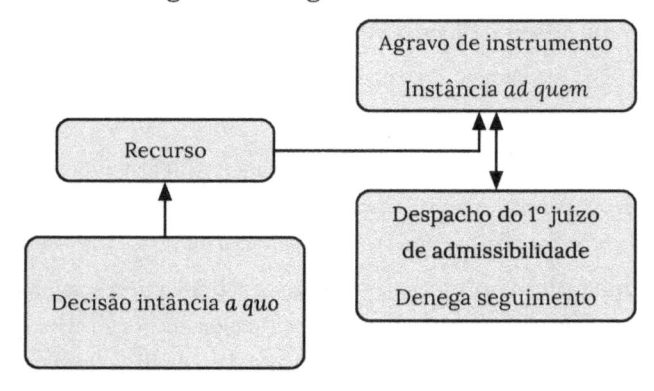

```
                              ┌──────────────────────────┐
                              │  Agravo de instrumento   │
                              │    Instância ad quem     │
                              └────────────▲─────────────┘
                                           │
              ┌──────────┐                 ▼
              │ Recurso  │────┬──────────────────────────┐
              └────▲─────┘    │  Despacho do 1º juízo    │
                   │          │   de admissibilidade     │
                   │          │   Denega seguimento      │
     ┌─────────────────────┐  └──────────────────────────┘
     │ Decisão intância    │
     │      a quo          │
     └─────────────────────┘
```

O agravo de instrumento no processo do trabalho somente tem a finalidade de destrancar recurso.

— 2.8 —
Agravo regimental e agravo interno

O agravo regimental "tem como característica impugnar decisões monocráticas proferidas em sede de recurso pelos relatores nos tribunais. Em alguns casos se confunde com o agravo interno, uma vez que este também pode ser manejado para atacar as decisões monocráticas do relator" (Leite, 2018, p. 1.221).

— 2.8.1 —
Finalidade e requisitos

O agravo regimental e o agravo interno, que têm como objeto impugnar decisões monocráticas proferidas em sede de recurso pelos relatores nos tribunais, encontram previsão nos seguintes ordenamentos:

- Art. 709, parágrafo 1º, da CLT: "Das decisões proferidas pelo corregedor, nos casos do artigo, caberá o agravo regimental, para o Tribunal Pleno" (Brasil, 1943).
- Lei n. 5.584/1970, art. 9º, parágrafo único: do despacho do relator que, fundamentado em súmula do TST, negar seguimento ao recurso.
- Lei n. 7.701/1988: contra a decisão que indeferir recurso em ações coletivas e nos embargos de divergência em ações individuais (art. 2º, inciso II, alínea "d", e art. 3º, inciso III),

observando a competência das Turmas do TST para julgar em última instância, conforme prevê o art. 5º, alínea "c", dessa lei (Leite, 2018).

Explica Leite (2018, p. 1.217) que,

> em linhas gerais, o agravo regimental, à semelhança do agravo de instrumento, é o recurso cabível contra as decisões que denegam seguimento a recursos. Além disso, o agravo regimental é utilizado para impugnar decisões proferidas por órgãos judiciais de tribunais das quais não haja um meio impugnativo específico legalmente previsto.

O agravo interno está previsto nos arts. 894, parágrafo 4º, e 896, parágrafo 12, da CLT, e nos arts. 265 e 266 do Regimento Interno do TST, estes últimos *in verbis*:

> Art. 265. Cabe agravo interno contra decisão dos Presidentes do Tribunal e das Turmas, do Vice-Presidente, do Corregedor-Geral da Justiça do Trabalho ou de relator, nos termos da legislação processual, no prazo de 8 (oito) dias úteis, pela parte que se considerar prejudicada.
>
> Parágrafo único. Ressalvam-se os casos em que haja recurso próprio ou decisão de caráter irrecorrível, nos termos do Regimento ou da lei.
>
> Art. 266. O agravo interno será concluso ao prolator da decisão monocrática, que, após intimar o agravado para manifestar-se sobre o recurso no prazo de 8 (oito) dias úteis, poderá reconsiderá-lo ou determinar sua inclusão em pauta visando

apreciação do Colegiado competente para o julgamento da ação ou do recurso em que exarada a decisão, com exceção daquele interposto contra a decisão do Presidente de Turma que denegar seguimento a embargos à Subseção I da Seção Especializada em Dissídios Individuais, que será diretamente distribuído entre os demais integrantes desta Subseção.

§ 1º Os agravos internos contra ato ou decisão do Presidente do Tribunal, do Vice-Presidente e do Corregedor-Geral da Justiça do Trabalho, desde que interpostos no período do respectivo mandato, serão por eles relatados. Os agravos internos interpostos após o término da investidura no cargo do prolator do ato ou decisão serão conclusos ao Ministro sucessor. [...] (TST, 2017)

Assim, conforme podemos verificar pela redação do regimento interno, o agravo interno também tem como finalidade "impugnar as decisões monocráticas proferidas pelos relatores nos tribunais. Daí por que o agravo interno se confunde, em alguns casos, com o agravo regimental" (Leite, 2018, p. 1.221).

Os prazos para a interposição da referida medida são de 5 dias nos Tribunais Regionais e de 8 dias no TST, conforme dispõe o art. 338 do Regimento Interno do TST (TST, 2017).

Os requisitos do requerimento de admissibilidade ao juízo *a quo* são:

a. Endereçamento ao juízo de admissibilidade recursal *a quo* – Desembargador relator (TRT), Ministro relator (TST).
b. Identificação do número do processo.

c. Menção do agravante e do agravado já qualificados nos autos.
d. Previsão legal da peça: art. 1.021 do CPC, art. 769 da CLT e art. 15 do CPC.
e. Verbo: *interpor*.
f. Tempestividade.
g. Requerimento da retratação e/ou recebimento do agravo e o prosseguimento do recurso, com a devida remessa ao órgão para julgamento (TRT ou TST).
h. Encerramento: data e assinatura.

Quadro 2.8 – Modelo de requerimento de admissibilidade

EXCELENTÍSSIMO SENHOR DOUTOR DESEMBARGADOR RELATOR DO EGRÉGIO TRIBUNAL ____

Autos n. ____

[**Nome do agravante**], já qualificado nos autos em referência, onde contende com [**Nome da parte contrária**], respeitosamente, comparece à presença de Vossa Excelência, não se conformando, *data venia*, com a decisão do MM. Desembargador relator que indeferiu o prosseguimento do Recurso [ou ação...], vem, com fulcro no art. 1.021, do CPC, aplicado subsidiariamente ao processo do trabalho nos termos do art. 769 da CLT e do art. 15 do CPC, interpor **AGRAVO REGIMENTAL** para o órgão competente do Egrégio Tribunal _____, conforme as razões a esta petição anexadas.

Reconsideração _____

Nestes termos, pede deferimento.

[Local], [dia] de [mês] de [ano].

[**Nome do advogado(a)**]

OAB/[UF] n. _____

As razões (minuta) de recurso no agravo de regimental devem obedecer aos requisitos a seguir elencados.

a. Cabeçalho para o TRT ou TST.
b. Pressupostos recursais.
c. Razões de agravo.
d. Pedidos.
e. Reconsideração.
f. Remessa ao órgão do Tribunal.
g. Encerramento: local, data e assinatura.

Quadro 2.9 – Modelo de razões (minuta) de agravo regimental/interno

EGRÉGIO TRIBUNAL ____ DO TRABALHO DA ____

AGRAVANTE: _____

AGRAVADO: _____

MINUTA DE AGRAVO DE PETIÇÃO

Autos n. ____

Senhores Julgadores,

O MM. Desembargador relator _____ achou por bem indeferir o processamento do recurso de ordinário, sob o argumento de que: "a matéria aventada no recurso [completar transcrição do despacho]".

Entretanto, Senhores Julgadores, equivocado foi o despacho denegatório, uma vez que a referida matéria viola o disposto na Súmula n. _____ do Colendo TST.

(continua)

(Quadro 2.9 – conclusão)

Assim, efetivamente merece ser reformado o despacho denegatório de recebimento do recurso ordinário, determinando-se processamento, prosseguimento e julgamento do recurso obstado.

Ante o exposto, requer-se:

a. seja reconsiderado o despacho denegatório, admitindo-se o regular processamento do recurso interposto;
b. em não ocorrendo a reconsideração, seja o presente agravo conhecido e provido e, com isso, conhecendo-se do recurso interposto, como medida de lídima

Justiça!

[Local], [dia] de [mês] de [ano].

[Nome do advogado(a)]

OAB/[UF] n. _____

Figura 2.5 – Fluxograma do agravo regimental/interno

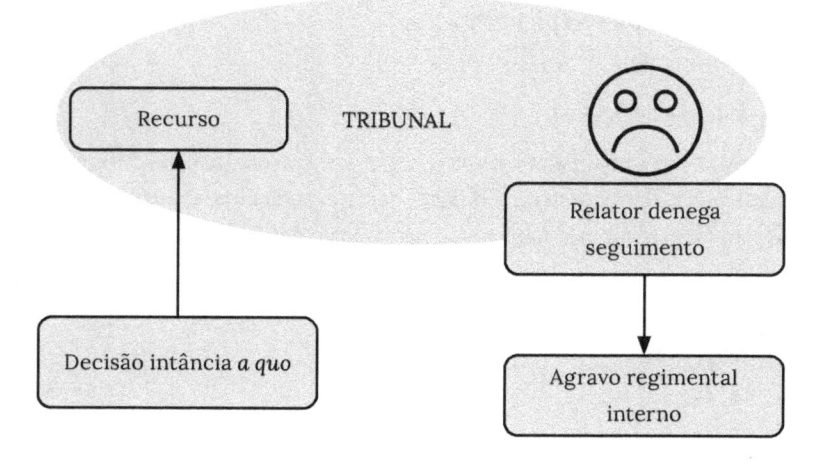

Os agravos regimental e interno não estão previstos no rol do art. 893 da CLT.

— 2.9 —
Embargos no TST (infringência e divergência)

Os embargos no TST, de infringência e de divergência, estão previstos no art. 894 da CLT, que assim dispõe:

> Art. 894. No Tribunal Superior do Trabalho cabem embargos, no prazo de 8 (oito) dias:
>
> I – de decisão não unânime de julgamento que:
>
> a) conciliar, julgar ou homologar conciliação em dissídios coletivos que excedam a competência territorial dos Tribunais Regionais do Trabalho e estender ou rever as sentenças normativas do Tribunal Superior do Trabalho, nos casos previstos em lei; e
>
> b) (VETADO);
>
> II – das decisões das Turmas que divergirem entre si ou das decisões proferidas pela Seção de Dissídios Individuais, ou contrárias a súmula ou orientação jurisprudencial do Tribunal Superior do Trabalho ou súmula vinculante do Supremo Tribunal Federal. Parágrafo único. (Revogado).
>
> § 2º A divergência apta a ensejar os embargos deve ser atual, não se considerando tal a ultrapassada por súmula do Tribunal Superior do Trabalho ou do Supremo Tribunal Federal, ou superada por iterativa e notória jurisprudência do Tribunal Superior do Trabalho. (Brasil, 1943)

Explica Teixeira Filho (2009, p. 1.656) que, "assim como a revista, os embargos não se prestam para reexame de fatos ou de provas", aos quais se aplicam também as Súmulas n. 23, 126 e 337 do TST, a seguir transcritas:

> Súmula nº 23 do TST. RECURSO (mantida) - Res. 121/2003, DJ 19, 20 e 21.11.2003. Não se conhece de recurso de revista ou de embargos, se a decisão recorrida resolver determinado item do pedido por diversos fundamentos e a jurisprudência transcrita não abranger a todos.
> Súmula nº 126 do TST. RECURSO. CABIMENTO (mantida) – Res. 121/2003, DJ 19, 20 e 21.11.2003. Incabível o recurso de revista ou de embargos (arts. 896 e 894, "b", da CLT) para reexame de fatos e provas.
> Súmula nº 337 do TST:
> COMPROVAÇÃO DE DIVERGÊNCIA JURISPRUDENCIAL. RECURSOS DE REVISTA E DE EMBARGOS (incluído o item V) - Res. 220/2017, DEJT divulgado em 21, 22 e 25.09.2017
> I – Para comprovação da divergência justificadora do recurso, é necessário que o recorrente:
> a) Junte certidão ou cópia autenticada do acórdão paradigma ou cite a fonte oficial ou o repositório autorizado em que foi publicado; e
> b) Transcreva, nas razões recursais, as ementas e/ou trechos dos acórdãos trazidos à configuração do dissídio, demonstrando o conflito de teses que justifique o conhecimento do recurso, ainda que os acórdãos já se encontrem nos autos ou venham a ser juntados com o recurso.

II – A concessão de registro de publicação como repositório autorizado de jurisprudência do TST torna válidas todas as suas edições anteriores.

III – A mera indicação da data de publicação, em fonte oficial, de aresto paradigma é inválida para comprovação de divergência jurisprudencial, nos termos do item I, "a", desta súmula, quando a parte pretende demonstrar o conflito de teses mediante a transcrição de trechos que integram a fundamentação do acórdão divergente, uma vez que só se publicam o dispositivo e a ementa dos acórdãos;

IV – É válida para a comprovação da divergência jurisprudencial justificadora do recurso a indicação de aresto extraído de repositório oficial na internet, desde que o recorrente:

a) transcreva o trecho divergente;

b) aponte o sítio de onde foi extraído; e

c) decline o número do processo, o órgão prolator do acórdão e a data da respectiva publicação no Diário Eletrônico da Justiça do Trabalho.

V – A existência do código de autenticidade na cópia, em formato *pdf*, do inteiro teor do aresto paradigma, juntada aos autos, torna-a equivalente ao documento original e também supre a ausência de indicação da fonte oficial de publicação. (Brasil, 2017c)

Somente cabem embargos de divergência ou de infringência das decisões oriundas das Turmas do TST.

Vejamos, a seguir, os requisitos de admissibilidade desses recursos.

a. Endereçamento ao Ministro-Presidente da respectiva Turma do TST.
b. Identificação do número do processo.
c. Menção do embargante e do embargado já qualificados nos autos.
d. Previsão legal da peça: art. 894, incisos I ou II, da CLT.
e. Verbo: *interpor*.
f. Tempestividade e preparo (dependendo do caso).
g. Menção às razões anexas.
h. Requerimento do conhecimento e provimento dos embargos.
i. Encerramento: data e assinatura.

Quadro 2.10 – Modelo do requerimento de admissibilidade

EXCELENTÍSSIMO SENHOR DOUTOR MINISTRO-PRESIDENTE DA _____ TURMA DO TRIBUNAL SUPERIOR DO TRABALHO

Autos n. _____

[**Nome do agravante**], já qualificado nos autos em referência, onde contende com [**Nome da parte contrária**], respeitosamente, comparece à presença de Vossa Excelência, não se conformando, *data venia*, com parte da decisão desse MM. Tribunal, vem, com fundamento no art. 894, inciso _____, da CLT, interpor **EMBARGOS DE DIVERGÊNCIA** para a seção competente desse Colendo Tribunal Superior do Trabalho, conforme as razões a esta petição anexadas.

[Indicar preparo (se for o caso) e tempestividade.]

Nestes termos, pede deferimento.

[Local], [dia] de [mês] de [ano].

[**Nome do advogado(a)**]

OAB/[UF] n. _____

Vejamos, agora, as requisitos necessários para interpor as razões dos embargos.

a. Cabeçalho para o pleno do TST:

    a.1. Pressupostos recursais:
- prequestionamento;
- resumo da demanda.

    a.2. Razões dos embargos:
- decisão não unânime; ou
- divergência entre Turmas.

b. Pedidos: conhecidos e providos.

c. Encerramento: local, data e assinatura.

Quadro 2.11 – Modelo de razões de embargos no TST

EGRÉGIO TRIBUNAL SUPERIOR DO TRABALHO
EMBARGANTE: _____
EMBARGADO: _____
RAZÕES DE EMBARGOS
Autos n. _____, Origem _____
Nobres Ministros.
1. DOS PRESSUPOSTOS DE ADMISSIBILIDADE
Os presentes embargos preenchem todos os pressupostos objetivos: [listar], bem como os subjetivos: [listar].
2. DO PREQUESTIONAMENTO
A matéria objeto do presente embargo foi devidamente prequestionada nos termos da Súmula n. 297 do C. TST.
Dessa forma, atendendo ao pressuposto específico extrínseco para o conhecimento e processamento dos embargos.

(continua)

(Quadro 2.11 – conclusão)

3. DO RESUMO DA DEMANDA

O embargante alegou na presente demanda que [descrever].

Em primeiro grau, fora deferido o pleito sob os seguintes fundamentos [descrever].

O TRT acolheu integralmente os pedidos postulados na exordial.

Entretanto, em recurso de revista, o TST modificou o acórdão regional no seguinte sentido [descrever].

4. DA DIVERGÊNCIA E DO CABIMENTO DOS EMBARGOS NO TST

Nobres Julgadores, o acórdão do qual se pretende a reforma está em conflito com:

a. decisão na Turma [indicar]
b. decisão entre Turmas [indicar]

Desta feita, a divergência está clara sendo perfeitamente cabível o presente embargo nos termos do art. 894, inciso ____, da CLT.

5. DA CONCLUSÃO

Ante o exposto, requer-se os presentes embargos sejam conhecidos e no mérito providos e, com isso, seja reformado o Acórdão no seguinte aspecto [descrever], como medida de lídima Justiça!

Nestes termos, pede deferimento.

[Local], [dia] de [mês] de [ano].

[Nome do advogado(a)]

OAB/[UF] n. _____

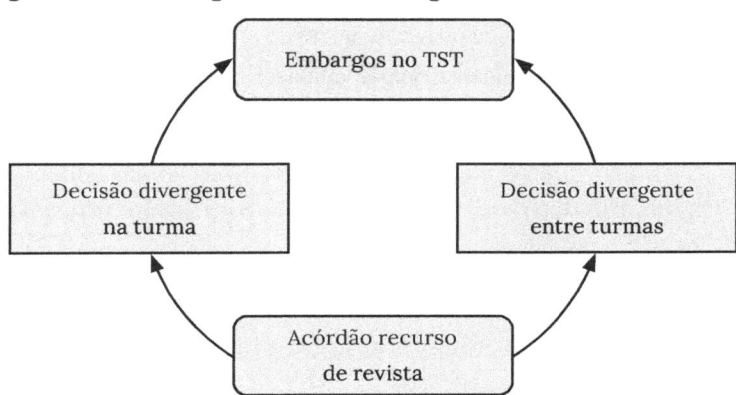

Figura 2.6 – Fluxograma dos embargos no TST

- Embargos no TST
- Decisão divergente na turma
- Decisão divergente entre turmas
- Acórdão recurso de revista

Conforme podemos observar, os embargos previstos no art. 894 da CLT se subdividem em embargos infringentes e embargos de divergência.

— 2.10 —
Recurso extraordinário

O recurso extraordinário é medida prevista no texto constitucional, art. 102, inciso III, da Constituição Federal de 1988, que assim dispõe:

> Art. 102. [...]
>
> III – julgar, mediante recurso extraordinário, as causas decididas em única ou última instância, quando a decisão recorrida:
>
> a) contrariar dispositivo desta Constituição;

b) declarar a inconstitucionalidade de tratado ou lei federal; c) julgar válida lei ou ato de governo local contestado em face desta Constituição; d) julgar válida lei local contestada em face de lei federal. (Brasil, 1988)

Os recursos extraordinários pertencem ao direito processual constitucional e "não se confundem com os recursos ordinários". Uma vez que estes visam ao "interesse das partes em litígio, aqueles, ao revés, têm por escopo o interesse público, qual seja assegurar o primado da Constituição e a unidade de interpretação do Direito material e processual em todo o território nacional" (Leite, 2018, p. 1.247).

Trata-se de medida eminentemente técnica, não admitindo a análise de fatos e provas, nos termos da Súmula n. 279 do STF (Brasil, 2017b).

O recurso extraordinário encontra-se disciplinado no Regulamento Interno do TST, que dispõe, no art. 266, que deve "o prazo para sua interposição e resposta ser de 15 dias, e que deve ser endereçado ao vice-presidente do TST, nos termos do art. 267" (TST, 2017).

Alertamos para o fato de que a "interposição do Recurso Extraordinário ao Supremo Tribunal Federal, não prejudicará a execução do julgado", conforme o disposto no art. 893, parágrafo 2º, da CLT (Brasil, 1943).

Assim como o recurso de revista, o recurso extraordinário "submete-se a um duplo juízo de admissibilidade. O primeiro é exercido pelo Presidente do TST, podendo este admitir ou denegar o seu seguimento". O segundo é exercido pelo Ministro Relator no STF, que, "além de reexaminar a sua admissibilidade, poderá apreciar aspectos alusivos ao mérito do recurso" (Leite, 2018, p. 1.249).

O recurso extraordinário está sujeito a todos os pressupostos recursais genéricos (objetivos e subjetivos) e também aos específicos: decisão de única ou última instância; questão constitucional (demonstração da violação à norma da Constituição); repercussão geral da questão constitucional; prequestionamento.

Vejamos, a seguir, os requisitos de admissibilidade do recurso extraordinário.

a. Endereçamento ao Ministro Vice-Presidente do TST.
b. Identificação do número do processo.
c. Menção do recorrente e recorrido já qualificados nos autos.
d. Previsão legal da peça: art. 102, inciso III, alíneas "a", "b", "c" ou "d", da CF/1988, arts. 1.029 e 1.041 do CPC, aplicados subsidiariamente conforme arts. 769 da CLT e 15, do CPC.
e. Verbo: *interpor*.
f. Tempestividade e preparo (dependendo do caso).
g. Mencionar as razões anexas.
h. Requerer:
   - recebimento do recurso e remessa ao STF;
   - notificação do recorrido para CONTRARRAZÕES.
i. Encerramento: local, data e assinatura.

Quadro 2.12 – Modelo de petição de admissibilidade

EXCELENTÍSSIMO SENHOR DOUTOR MINISTRO VICE-PRESIDENTE DO TRIBUNAL SUPERIOR DO TRABALHO

Autos n. _____

[Nome do recorrente], já qualificado nos autos em referência, onde contende com [Nome do recorrido], respeitosamente, comparece à presença de Vossa Excelência, não se conformando, *data venia*, com parte da decisão desse MM. Tribunal, e vem, com fundamento no art. 102, inciso III, alínea(s) _____, da CF/1988 e nos arts. 1.029 a 1.041 do CPC, aplicados subsidiariamente conforme arts. 769 da CLT e 15 do CPC, interpor **RECURSO EXTRAORDINÁRIO**, conforme as razões a esta petição anexadas, que deverão ser remetidas ao Supremo Tribunal Federal.

Requer seja notificado o recorrido para apresentar contrarrazões.

[Indicar preparo (se for o caso) e tempestividade.]

Nestes termos, pede deferimento.

[Local], [dia] de [mês] de [ano].

[Nome do advogado(a)]
OAB/[UF] n. _____

Agora, vejamos os elementos essenciais que devem constar das razões de recurso extraordinário.

a. Cabeçalho para o Supremo Tribunal Federal

   a.1 Pressupostos recursais:
   - prequestionamento;
   - repercussão geral;
   - decisão de única ou última instância.

a.2 Resumo da demanda.

a.3 Razões de recurso
- Afronta direta e literal à Constituição.

b. Pedidos: conhecidos e providos.

c. Encerramento: local, data e assinatura.

Quadro 2.13 – Modelo de razões de recurso extraordinário

EGRÉGIO SUPREMO TRIBUNAL FEDERAL

RECORRENTE: _____

RECORRIDO: _____

RAZÕES DE RECURSO EXTRAORDINÁRIO

Autos n. _____, Origem _____

Nobres Ministros,

1. DOS PRESSUPOSTOS DE ADMISSIBILIDADE

Os presentes embargos preenchem todos os pressupostos objetivos: [listar], bem como os subjetivos: [listar].

2. DO PREQUESTIONAMENTO

A matéria objeto do presente recurso foi devidamente prequestionada nos termos da Súmula n. 282 do C. STF.

Resta efetivamente demonstrada a ofensa direta e literal à Constituição.

Dessa forma, atendendo ao pressuposto específico extrínseco para o conhecimento e processamento do recurso extraordinário.

3. DA REPERCUSSÃO GERAL

A matéria abordada no presente recurso tem repercussão geral nos seguintes aspectos:

    a. Econômico: [descrever]
    b. Político: [descrever]

(continua)

(Quadro 2.13 – conclusão)

   c. Social: [descrever].

   d. Jurídico: [descrever]

Dessa forma, resta demonstrada a repercussão geral nos termos do art. 102, parágrafo 3º, da CF/1988 e dos arts. 1.036 a 1.041 do CPC.

4. DO RESUMO DA DEMANDA

O Embargante alegou na presente demanda que [descrever].

Em primeiro grau, fora deferido o pleito sob os seguintes fundamentos [descrever].

O TRT acolheu integralmente os pedidos postulados na exordial.

Entretanto, em recurso de revista, o TST modificou o acórdão regional no seguinte sentido [descrever].

5. DA AFRONTA DIRETA E LITERAL AO TEXTO DA CONSTITUIÇÃO

Nobres Julgadores, o acórdão do qual se pretende a reforma está em conflito com a ordem constitucional vigente.

O Tribunal Superior do Trabalho, ao julgar a presente demanda, equivocou-se ao julgá-la da seguinte forma, *in verbis*: "[transcrever]."

Desta feita, está efetivamente demonstrada e comprovada a afronta direta e literal ao dispositivo constitucional inserto no art. 7º, inciso(s) _____, da CF/1988.

6. DA CONCLUSÃO

Ante o exposto, requer-se o presente recurso extraordinário seja conhecido e no mérito provido e com isso seja reformado o acórdão proferido pela Turma do Tribunal Superior do Trabalho, no seguinte aspecto [indicar], como medida de lídima

   Justiça!

   [Local], [dia] de [mês] de [ano].

[Nome do advogado(a)]

OAB/[UF] n. _____

Figura 2.7 – Fluxograma do recurso extraordinário

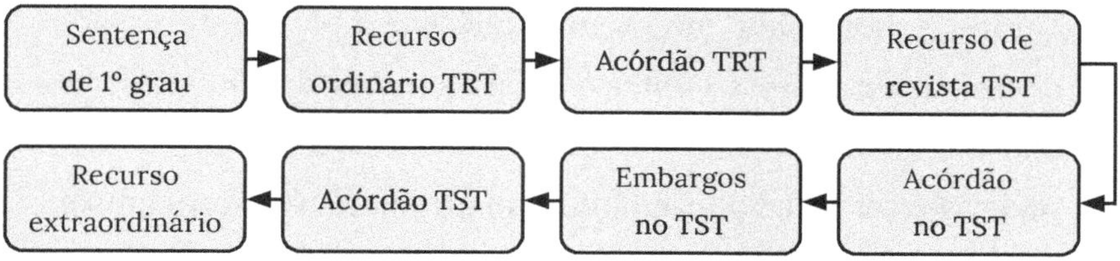

```
Sentença    →  Recurso      →  Acórdão TRT  →  Recurso de
de 1º grau     ordinário TRT                   revista TST
                                                    ↓
Recurso     ←  Acórdão TST  ←  Embargos     ←  Acórdão
extraordinário                 no TST           no TST
```

O recurso extraordinário, de origem constitucional, tem como finalidade submeter ao STF o reexame das decisões proferidas pelos órgãos jurisdicionais inferiores, nestes incluído o TST.

— 2.11 —
Recurso adesivo

O recurso adesivo é a oportunidade de recorrer dentro do prazo de contrarrazões ou na contraminuta do apelo da parte adversa, conforme o disposto no art. 997 do CPC, aplicado ao processo do trabalho nos termos da Súmula n. 283 do TST, em cabimento no prazo 8 dias, *in verbis*:

> RECURSO ADESIVO. PERTINÊNCIA NO PROCESSO DO TRABALHO. CORRELAÇÃO DE MATÉRIAS (mantida) – Res. 121/2003, DJ 19, 20 e 21.11.2003
>
> O recurso adesivo é compatível com o processo do trabalho e cabe, no prazo de 8 (oito) dias, nas hipóteses de interposição de recurso ordinário, de agravo de petição, de revista e de embargos, sendo desnecessário que a matéria nele veiculada esteja relacionada com a do recurso interposto pela parte contrária. (Brasil, 2017c)

Explica Teixeira Filho (2009, p. 1.005) que, "apesar de seu caráter subordinado, no recurso adesivo, a parte interessada deverá direcionar-se contra a decisão recorrida. Ou seja, pleitear a reforma da decisão atacada, aduzindo as alegações que poderiam ter sido feitas em recurso principal". O autor complementa, ainda, que "não existe vinculação das matérias do recurso principal de uma das partes com o recurso adesivo da contrária".

> **Atenção!**
> O recurso adesivo fica subordinado à existência do recurso principal.

Vejamos, a seguir, os requisitos de admissibilidade do requerimento desse recurso.

a. Endereçamento ao juízo *a quo*.
b. Identificação do número do processo.
c. Menção de que o recorrente já está qualificado nos autos.
d. Previsão legal da peça: art. 997 do CPC, aplicado subsidiariamente nos termos do art. 769 da CLT e do art. 15 do CPC.
e. Verbo: *interpor*.
f. Razões anexas.
g. Menção ao preparo e à tempestividade.
h. Requerer o recebimento do recurso adesivo e a devida remessa dos autos à instância superior (TRT ou TST).
i. Encerramento: data e assinatura.

Quadro 2.14 – Modelo de requerimento de admissibilidade em recurso adesivo

EXCELENTÍSSIMO SENHOR DOUTOR JUIZ DA _____ VARA DO TRABALHO DE [Cidade], [UF]

Autos n. _____

[**Nome do recorrente**], já qualificado nos autos em referência, onde contende com [**Nome da parte contrária**], respeitosamente, comparece à presença de Vossa Excelência, não se conformando, *data venia*, com parte da decisão dessa MM. Junta, e vem, com fundamento no art. 895 da CLT, interpor **RECURSO ORDINÁRIO ADESIVO** para o Egrégio Tribunal Regional do Trabalho, requerendo sejam as razões a esta petição anexadas remetidas à superior instância.

[Indicar tempestividade e preparo.]

Nestes termos, pede deferimento.

[Local], [dia] de [mês] de [ano].

[**Nome do advogado(a)**]

OAB/[UF] n. _____

Vejamos, agora, os requisitos necessários para interpor as razões de recurso adesivo.

a. Cabeçalho para o TRT ou TST.
b. Pressupostos recursais – atenção: devem ser observados os pressupostos específicos do recurso a ser adesivado.
c. Razões de recurso adesivo.
d. Pedidos.
e. Encerramento: requerimento do conhecimento e provimento do recurso.
f. Local, data e assinatura.

Quadro 2.15 – Modelo de razões de recurso adesivo

EGRÉGIO TRIBUNAL REGIONAL DO TRABALHO DA _____ REGIÃO

RECORRENTE: _____

RECORRIDO: _____

RAZÕES DE RECURSO ORDINÁRIO ADESIVO

Autos n. _____ Vara _____

Senhores Julgadores,

1. PRESSUPOSTOS DE ADMISSIBILIDADE

O presente apelo ADESIVO atende a todos os requisitos de admissibilidade (objetivos e subjetivos): [descrever].

2. SÍNTESE DA DEMANDA

Pleiteou a recorrente, perante a MM. Vara do Trabalho de [Cidade], [UF], o pagamento das horas extras e consectários, entre outros pedidos.

3. NO MÉRITO – DAS HORAS EXTRAS

Neste ponto a recorrente pleiteou [descrever].

Porém, o MM. Juiz *a quo*, de forma equivocada, decidiu da seguinte forma, *in verbis*: "com base na prova oral [completar transcrição]".

Entretanto, a prova carreada aos autos demonstra [descrever], razão pela qual, Senhores Julgadores, efetivamente deve ser reformada a respeitável sentença *a quo*, neste ponto [indicar de forma clara].

4. REQUERIMENTO FINAL

Diante do exposto, está certo o recorrente que o presente recurso ADESIVO será conhecido e dado integral provimento, como medida de costumeira Justiça!

Nestes termos, pede deferimento.

[Local], [dia] de [mês] de [ano].

[Nome do advogado(a)]

OAB/[UF] n. _____

Figura 2.8 – Fluxograma de recurso adesivo

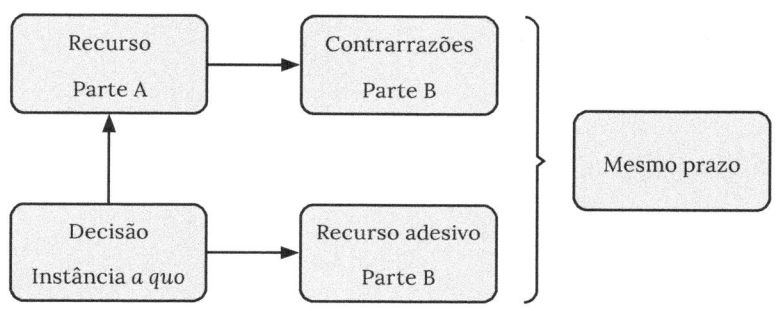

```
┌─────────────┐      ┌─────────────┐  ⎫
│   Recurso   │ ───▶ │ Contrarrazões│  ⎪
│   Parte A   │      │   Parte B   │  ⎪
└─────────────┘      └─────────────┘  ⎬   ┌─────────────┐
       ▲                               ⎪   │ Mesmo prazo │
       │                               ⎪   └─────────────┘
┌─────────────┐      ┌─────────────┐  ⎪
│   Decisão   │ ───▶ │Recurso adesivo│ ⎪
│Instância a quo│     │   Parte B   │  ⎭
└─────────────┘      └─────────────┘
```

O recurso adesivo deve seguir as mesmas regras do recurso principal (prazo e pressupostos de admissibilidade objetivos e subjetivos).

Capítulo 3

Execução no processo do trabalho

O termo *execução*, segundo o Dicionário Houaiss (2009), significa "uma das atividades jurisdicionais, desenvolvida mediante procedimento próprio, que tem o objetivo de assegurar ao detentor de título executivo, judicial ou extrajudicial, a satisfação de seu direito". Portanto, a execução tem por finalidade tornar efetiva a condenação.

As condenações na Justiça do Trabalho, em geral, envolvem a obrigação de dar e, em uma menor quantidade, as obrigações de fazer e de não fazer.

A execução no processo do trabalho está regulada pelos arts. 876 a 892 da Consolidação das Leis do Trabalho (CLT).

No processo do trabalho, devem ser verificados alguns critérios para o início da execução:

a. se esta é provisória ou definitiva, em caso de decisão exequenda;

b. se trata-se de um dos títulos exequendos relacionados no art. 876 da CLT.

A execução trabalhista apresenta algumas fases:

a. identificação do título executivo;
b. liquidação do título;
c. manifestações das partes;
d. embargos e impugnação à conta de liquidação;
e. sentença de execução;
f. citação para pagamento ou garantia ou penhora;
g. embargos de declaração e agravo de petição;

h. recurso de revista, em caso excepcional;
i. possibilidade de ocorrer o pagamento ou o praceamento e leilão de bens.

Vale esclarecer que nem todas as execuções se utilizam de todas as fases citadas, algumas menos e outras podem ter incidentes diferentes.

Jorge Neto e Cavalcante (2018, p. 1.038) indicam, de uma forma mais geral, como fases da execução trabalhista: "a) quantificação; b) constrição; c) expropriação".

— 3.1 —
Princípios informativos da execução trabalhista

A doutrina tem apresentado vários princípios que regem a execução trabalhista, conforme relacionamos no Quadro 3.1.

Quadro 3.1 – Princípios relativos à fase de execução trabalhista

a. Igualdade de tratamento das partes	Igualdade formal de todos perante a lei – art. 5º, *caput*, da Constituição Federal de 1988.
b. Natureza real da execução	A responsabilidade é patrimonial – arts. 789 e 824 do CPC (Brasil, 2015).
c. Limitação expropriatória	A execução deve ter como limite o valor exato da obrigação a ser adimplida pelo devedor – arts. 831 e 899 do CPC (Jorge Neto; Cavalcante, 2018).

(continua)

(Quadro 3.1 – conclusão)

d. Utilidade para o credor	A execução deve ser útil ao credor, evitando-se, assim, os atos que possam comprometer tal utilidade – arts. 836 e 845 do CPC (Leite, 2018).
e. Meio menos oneroso para o executado	A sujeição patrimonial do devedor ocorrerá de forma menos gravosa – art. 805 do CPC (Jorge Neto; Cavalcante, 2018).
f. Especificidade	Aplicação restrita às execuções para a entrega de coisa, bem como quanto às obrigações de fazer e de não fazer – arts. 809 e 816 do CPC (Jorge Neto; Cavalcante, 2018).
g. Responsabilidade pelas despesas processuais	As despesas processuais correm por conta do executado, no processo do trabalho: "o art. 789-A da CLT prescreve que as custas, no processo (ou fase) de execução, sempre a cargo do executado, são pagas ao final" (Leite, 2018, p. 1.419).
h. Não aviltamento do devedor	A execução não poderá abranger os bens indispensáveis à sua subsistência e à de seus familiares – art. 833 do CPC (Jorge Neto; Cavalcante, 2018).
i. Título	Qualquer execução é lastreada em título executivo, judicial ou extrajudicial – art. 783 do CPC (Jorge Neto; Cavalcante, 2018, p. 1.037).

— 3.2 —
Liquidação de sentença e manifestação a cálculos

A liquidação de sentença trabalhista se inicia com a obtenção de um título executivo. Para tanto, a CLT, em seu art. 876, relaciona os títulos executivos:

> Art. 876. As decisões passadas em julgado ou das quais não tenha havido recurso com efeito suspensivo; os acordos, quando não cumpridos; os termos de ajuste de conduta firmados perante o Ministério Público do Trabalho e os termos de conciliação firmados perante as Comissões de Conciliação Prévia serão executadas pela forma estabelecida neste Capítulo. (Brasil, 1943)

Na CLT, o art. 879 relaciona três formas de liquidação do título exequendo: por cálculo, por arbitramento ou por artigos. Ainda, nos parágrafos do referido artigo, encontramos as seguintes determinações, *in verbis*:

> § 1º Na liquidação, não se poderá modificar, ou inovar, a sentença liquidanda nem discutir matéria pertinente à causa principal.

§ 1º-A A liquidação abrangerá, também, o cálculo das contribuições previdenciárias devidas.

§ 1º-B As partes deverão ser previamente intimadas para a apresentação do cálculo de liquidação, inclusive da contribuição previdenciária incidente. (Brasil, 1943)

A liquidação por cálculos, conforme o próprio termo indica, é a apuração do valor a ser cobrado do devedor.

A liquidação por arbitramento, segundo Jorge Neto e Cavalcante (2018, p. 1.017), "compreende a realização de exame ou vistoria pericial de pessoas ou coisas, com o objetivo da apuração do montante relativo à obrigação pecuniária a ser adimplida pelo devedor, ou, em determinadas situações, para a regular individualização do objeto da demanda".

No caso dos artigos, ocorre a necessidade de provar fatos novos com o intuito de obter a liquidação do título executivo.

No que se refere à liquidação por artigos, explicam Jorge Neto; Cavalcante (2018, p. 1.018): "é aquela feita em petição articulada, onde cada fato a ser provado deverá ser colocado em um artigo, viando a individualização do objeto e a fixação do valor da condenação". E os autores complementam: será efetuada "quando, para determinar o valor da condenação, houver a necessidade de alegar e provar fato novo (art. 509, II, CPC)".

Quadro 3.2 – Modelo de petição de apresentação de artigos

EXCELENTÍSSIMO SENHOR DOUTOR JUIZ DA _____ VARA DO TRABALHO DE [Cidade], [UF]

Autos n. _____

[**Nome do requerente**], nos autos de reclamação trabalhista em referência, onde contende com [**Nome da parte contrária**], tendo em vista o trânsito em julgado da decisão, e com a finalidade de investigar fatos novos para a liquidação do valor condenatório, vem apresentar os presentes **ARTIGOS DE LIQUIDAÇÃO**:

1º) A sentença exequenda concluiu pelo deferimento das verbas relacionados a comissões [descrever].

2º) Durante os meses abrangidos pela condenação, o exequente efetuou vendas mensais nos seguintes valores de:

[Mês]/[ano]; Valor R$ _____.

Desse modo, o total de comissões percebidas no período foi de R$ _____

Assim, requer a Vossa Excelência se digne mandar citar a empresa reclamada para, querendo, contestar os presentes artigos, que, ao final, deverão ser julgados totalmente procedentes pelo valor do valor principal devidamente corrigidos.

Protesta, ainda, pela produção de todas as provas em direito admitidas.

Nestes termos, pede deferimento.

[Local], [dia] de [mês] de [ano].

[**Nome do advogado(a)**]

OAB/[UF] n. _____

Figura 3.1 – Formas de liquidação

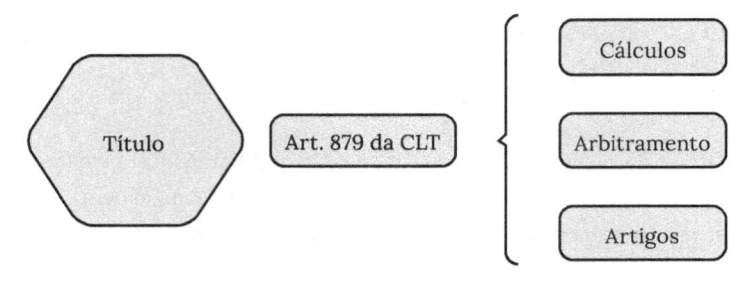

Título → Art. 879 da CLT {
- Cálculos
- Arbitramento
- Artigos
}

— 3.3 —
Embargos à execução

Trata-se de medida do devedor prevista no art. 884 da CLT, também denominada de *embargos do devedor* ou *embargos à penhora*, cujo prazo é de 5 dias contados da garantia do juízo.

A matéria que pode ser abordada nos embargos, de acordo com o parágrafo 1º do art. 884 da CLT, deve ser "restrita às alegações de cumprimento da decisão ou do acordo, quitação ou prescrição da dívida", bem como todas as previstas nos arts. 914 e seguintes do Código de Processo Civil (CPC): cumprimento da decisão ou acordo; quitação ou prescrição da dívida; nulidade de citação; inexigibilidade do título; incompetência do juízo de execução; excesso ou nulidade da execução até penhora.

Com relação à garantia do juízo para a apresentação dos embargos à execução, o parágrafo 6º do art. 884 da CLT apresenta exceção, qual seja: "A exigência da garantia ou penhora não se aplica às entidades filantrópicas e/ou àqueles que compõem ou compuseram a diretoria dessas instituições" (Brasil, 1943).

Quadro 3.3 – Modelo de embargos à execução (medida exclusiva do devedor)

EXCELENTÍSSIMO SENHOR DOUTOR JUIZ DA ____ VARA DO TRABALHO DE [Cidade], [UF]

Autos n. ____

[**Nome do embargante**], já qualificada nos autos em referência, onde contende com [**Nome do embargado**], por seu advogado e procurador infra-assinado, respeitosamente, comparece à presença de Vossa Excelência, para, com fulcro no art. 884 da CLT, apresentar os presentes **EMBARGOS À EXECUÇÃO**, e o faz da seguinte forma:

Preliminarmente, informa ao MM. Juízo com relação à **garantia de execução** que [descrever].

HORAS EXTRAS

A sentença de primeiro grau transitada em julgado em [dd/mmm/aaaa], fixou que o reclamante faria jus a ____ horas extras de segunda a sexta-feira.

Ocorre, porém, que, conforme se observa nas planilhas de cálculos de fls. ____ e ____, o Sr. Contador apurou as horas extras de segunda a sábado, propiciando assim um acréscimo de valores na ordem de R$ _____, conforme planilhas dos cálculos anexas.

Isso posto, requer sejam julgados procedentes os embargos determinando-se sejam refeitos os cálculos nos pontos apontados.

Protesta pela produção das provas documentais (juntada de novos documentos), testemunhal cujo rol é abaixo transcrito, pericial contábil.

Nestes termos, pede deferimento.

[Local], [dia] de [mês] de [ano].

[**Nome do advogado(a)**]

OAB/[UF] n. _____

— 3.4 —
Impugnação à conta de liquidação

A impugnação à conta de liquidação é medida exclusiva do credor (exequente), com previsão legal no art. 884 da CLT e pode ser apresentada no prazo 5 dias, contados a partir da apresentação da resposta aos embargos à execução ou da expedição de alvará a favor do credor.

Quadro 3.4 – Modelo de petição de impugnação à conta de liquidação (medida exclusiva do credor)

EXCELENTÍSSIMO SENHOR DOUTOR JUIZ DA _____ VARA DO TRABALHO DE [Cidade], [UF]

Autos n. _____

[**Nome do impugnante**], já qualificado nos autos em referência, onde contende com [**Nome do impugnado**], por seu advogado e procurador infra-assinado, respeitosamente, comparece à presença de Vossa Excelência, para, com fulcro no art. 884 da CLT, apresentar

IMPUGNAÇÃO À CONTA DE LIQUIDAÇÃO, e o faz da seguinte forma:

HORAS EXTRAS

A sentença de primeiro grau transitada em julgado em [dd/mmm/aaaa], fixou que o reclamante faria jus a _____ horas extras de segunda a sexta-feira.

Ocorre, porém, que, conforme se observa nas planilhas de cálculos de fls. _____, e _____, o Sr. Contador apurou apenas _____ horas extras de segunda a sábado, propiciando assim uma diferença de valores na ordem de R$ _____, conforme planilhas dos cálculos anexas.

Isto posto, requer seja julgada procedente a impugnação aos cálculos de liquidação determinando-se sejam refeitos os cálculos nos pontos apontados.

(continua)

(Quadro 3.4 – conclusão)

Protesta pela produção das provas documentais (juntada de novos documentos), testemunhal cujo rol é abaixo transcrito, pericial contábil.

Nestes termos, pede deferimento.

[Local], [dia] de [mês] de [ano].

[Nome do advogado(a)]

OAB/[UF] n. _____

— 3.5 —
Exceção de pré-executividade

A exceção de pré-executividade não tem previsão legal específica e é uma construção doutrinária admitida na fase de execução, com o fundamento nos arts. 518 e 803 do CPC.

A referida medida também é admitida no processo do trabalho nos termos da Súmula n. 397 do TST, que assim dispõe:

> Não procede ação rescisória calcada em ofensa à coisa julgada perpetrada por decisão proferida em ação de cumprimento, em face de a sentença normativa, na qual se louvava, ter sido modificada em grau de recurso, porque em dissídio coletivo somente se consubstancia coisa julgada formal. **Assim, os meios processuais aptos a atacarem a execução da cláusula reformada são a exceção de pré-executividade e o mandado de segurança, no caso de descumprimento do art. 514 do CPC de 2015 (art. 572 do CPC de 1973). (ex-OJ nº 116 da SBDI-2–DJ 11.08.2003).** (Brasil, 2017c, grifo nosso).

Begalles (2020, p. 120) explica que "o instituto pode ser utilizado nos casos de matérias de ordem pública e, portanto, conhecidas de ofício pelo juiz, em questões de fatos modificativos ou extintivos de direitos e prescrição, desde que a demonstração do direito possa ser feita de forma sumária".

No processo do trabalho, de acordo com Jorge Neto e Cavalcante (2018, p. 1.207), podem ser arguidas via exceção de pré-executividade:

> a) nulidade da execução; b) pagamento, transação, novação e outras modalidades que impliquem a extinção da execução; c) prescrição intercorrente; d) ausência dos pressupostos processuais de existência (petição inicial, jurisdição e a citação); e) ausência dos pressupostos processuais de validade positivos (petição inicial válida, órgão jurisdicional competente e imparcial e a capacidade); f) ausência dos pressupostos processuais de validade negativos (litispendência e coisa julgada); g) condições da ação (legitimidade, interesse processual e a possibilidade jurídica do pedido).

Trata-se de incidente dentro da fase de execução do processo do trabalho, cuja apresentação não exige a garantia do juízo, e a decisão pode ser atacada com o agravo de petição.

Vejamos, a seguir, os requisitos essenciais da petição de pré-executividade.

a. Endereçamento ao juízo de execução.
b. Identificação do número do processo.
c. Menção das partes: excipiente e excepto.

d. Previsão legal da peça: arts. 518 e 803 do CPC, aplicados ao processo do trabalho de forma subsidiária nos termos dos arts. 769 da CLT e 15 do CPC, bem como da Súmula n. 397 do TST.
e. Verbo: *apresentar*.
f. Dispensa o preparo e garantia do juízo.
g. Deve apresentar uma suscinta descrição dos fatos.
h. Teses: as teses são voltadas a vícios e nulidades da execução, ante o fato de inexistir recurso específico para o saneamento da divergência.
i. Demonstra a existência do alegado nos autos, visto que na referida medida não cabe a produção de provas.
j. Requerimentos finais:
- notificação do excepto para responder à exceção.
- procedência do pedido ou pedidos.

k. Encerramento: local, data e assinatura.

Quadro 3.5 – Modelo de petição de exceção de pré-executividade

EXCELENTÍSSIMO SENHOR DOUTOR JUIZ DA ____ VARA DO TRABALHO DE [Cidade], [UF]

Autos n. ____

[Nome do excipiente], já qualificado nos autos em referência, onde contende com [Nome do excepto], por seu advogado e procurador infra--assinado, respeitosamente, comparece à presença de Vossa Excelência, para, com fulcro nos arts. 518 e 803 do CPC, aplicados ao processo do trabalho de forma subsidiária nos termos dos arts. 769 da CLT e 15 do CPC, bem como da Súmula n. 397 do TST, apresentar

(continua)

(Quadro 3.5 - continuação)

EXCEÇÃO DE PRÉ-EXECUTIVIDADE, e o faz da seguinte forma:

1. DOS FATOS

O excepto apresentou reclamação trabalhista contra o ora excipiente pretendendo a percepção de verbas trabalhistas conforme discriminadas nos autos em referência, o que logrou êxito em parte. Iniciada a execução, as partes formalizaram um acordo em ____ parcelas mensais, que foi totalmente cumprido pelo excipiente. No entanto, o excipiente não denunciou o pagamento das parcelas acordadas e custas processuais.

2. DO MÉRITO

Decorridos mais de ____ meses da elaboração do acordo e da ratificação e homologação do mesmo pelo MM. Juízo, esclareça-se, inclusive com a determinação do recolhimento das custas processuais *pro rata*, ou seja, na qual o excipiente ficou incumbido do pagamento de apenas 50% (cinquenta porcento) do valor respetivo de R$ _____. Referidas custas foram pagas em [dd/mmm/aaaa], guias de recolhimentos às fls. ____ dos autos.

Ocorre, porém, que o excipiente foi surpreendido com a penhora de valores em conta bancária (extrato em anexo) correspondentes à integralidade das custas no valor de R$ _____.

Assim, diante do exposto, e sendo desnecessária a garantia de execução, bem como em razão da construção doutrinária em razão da inexistência de recurso próprio, requer seja acolhida a presente exceção liberando-se os valores bloqueados a título de custas, considerada a quitação já denunciada nos autos.

3. REQUERIMENTOS

Isso posto, requer seja julgada procedente a exceção de pré-executividade, para [descrever].

(Quadro 3.5 – conclusão)

> Requer, ainda, que o excepto seja notificado para, querendo, responder à presente exceção de pré-executividade.
>
> Nestes termos, pede deferimento.
>
> [Local], [dia] de [mês] de [ano].
>
> **[Nome do advogado(a)]**
> OAB/[UF] n. _____

— 3.6 —
Agravo de petição

O agravo de petição, recurso específico da execução, deve ser interposto no prazo de 8 dias, contados da publicação da sentença de execução, sentença em embargos do devedor, de terceiros, à praça, à arrematação, à adjudicação, à impugnação à sentença de liquidação, tendo previsão legal no art. 897, alínea "a", e parágrafos 1º, 3º e 8º, da CLT. Ainda, demanda como pressuposto específico a exigência de delimitação de matéria e valores nos termos do parágrafo 1º do referido art. 897 da CLT e da Súmula n. 416, do TST.

O referido recurso é recebido no efeito suspensivo, mas tão somente em relação à matéria recorrida – o agravo de petição não cabe na execução provisória.

Vejamos, a seguir, os elementos essenciais da peça de interposição do agravo de petição.

a. Endereçamento ao juízo *a quo*.
b. Identificação do número do processo.
c. Menção de que o recorrente já está qualificado nos autos.
d. Previsão legal da peça: art. 897, alínea "a", e parágrafos 1º, 3º e 8º da CLT.
e. Verbo: *interpor*.
f. Menção ao preparo (se for o caso) e à tempestividade.
g. Requerimento do recebimento do agravo de petição e a devida remessa dos autos à instância superior TRT.
h. Encerramento: local, data e assinatura.

Quadro 3.6 – Modelo da 1ª peça de interposição do agravo de petição

EXCELENTÍSSIMO SENHOR DOUTOR JUIZ DA ____ VARA DO TRABALHO DE [Cidade], [UF]
Autos n. ____
[**Nome do recorrente**], já qualificado nos autos de processo em referência, onde contende com [**Nome da parte contrária**], respeitosamente comparece à presença de Vossa Excelência, através de seu procurador infra-assinado, mandato incluso, para, nos termos do art. 897, alínea "a", da CLT, interpor **AGRAVO DE PETIÇÃO** ao Egrégio Tribunal Regional do Trabalho.
Trata-se de medida tempestiva, haja vista que a sentença de execução fora publicada em [dd/mmm/aaaa].

(continua)

(Quadro 3.6 – conclusão)

Desnecessário é o preparo, uma vez que a execução já se encontra garantida e que as custas já foram devidamente recolhidas.

Nestes termos, pede deferimento.

[Local], [dia] de [mês] de [ano].

[Nome do advogado(a)]
OAB/[UF] n. _____

— 3.6.1 —
Minuta de agravo de petição

As razões do recurso agravo de petição são denominadas *minuta* e, conforme o disposto no art. 897, alínea "a", e parágrafo 1º, da CLT, bem como na Súmula n. 416 do TST, tem como pressuposto específico que a parte, ao apresentar a peça, demonstre de forma delimitada os valores e a matéria que são objeto do pedido de revisão.

Vejamos, a seguir, os elementos essenciais da minuta de agravo de petição.

a. Cabeçalho para o TRT.
b. Pressupostos recursais.
c. Requisitos extrínsecos e intrínsecos.
d. Delimitação: matéria e valores.

e. Razões de recurso: minuta do agravo de petição.
f. Pedidos.
g. Encerramento: requerimento do conhecimento e provimento do agravo de petição.
h. Local, data e assinatura.

Quadro 3.7 – Modelo de minuta de agravo de petição

EGRÉGIO TRIBUNAL REGIONAL DO TRABALHO

Agravante: _____

Agravado: _____

Autos n. _____

MINUTA DE AGRAVO DE PETIÇÃO

Eméritos Julgadores,

Com todo o respeito, deve ser reformada a r. decisão agravada (fls. _____), que julgou improcedentes os embargos à execução de fls. _____, sob os seguintes fundamentos: [descrever].

1. DOS PRESSUPOSTOS DE ADMISSIBILIDADE

O presente recurso atende a todos os pressupostos de admissibilidade de recurso extrínsecos e intrínsecos. Especialmente, os determinados no art. 897, parágrafo 1º, da CLT e na Súmula n. 416 do TST, ou seja, delimita-se o valor de R$ _____, relacionado à matéria [indicar].

2. DA SÍNTESE DOS FATOS

Ao contrário do que sustenta a decisão agravada, não houve da parte do agravante a elaboração correta dos cálculos de liquidação, consoante planilha, em anexo.

Não foram efetuados os descontos legais e tampouco a compensação dos valores pagos a título de [indicar].

(continua)

(Quadro 3.7 – conclusão)

3. DOS FUNDAMENTOS

O título exequendo determina que os descontos legais sejam efetuados mês a mês, bem como a compensação das verbas já pagas a título de [indicar].

Entretanto, o *expert*, ao efetuar os cálculos, não considerou o determinado na sentença, e o MM. Juiz *a quo* achou por bem homologar os cálculos do perito.

Por essa razão, diante dos equívocos apontados, merece reforma a sentença de execução.

4. DO REQUERIMENTO

Portanto, Senhores Julgadores, efetivamente deve ser reformada a respeitável sentença *a quo*, haja vista que, diante das provas: planilhas de cálculos [indicar], parecer contábil, se coadunam com o título exequendo.

Diante do exposto, está certo o recorrente que o presente agravo de petição será conhecido e dado integral provimento, como medida de costumeira Justiça!

Nestes termos, pede deferimento.

[Local], [dia] de [mês] de [ano].

[Nome do advogado(a)]

OAB/[UF] n. _____

Figura 3.2 – Fluxograma da liquidação até o agravo de petição (recurso da execução)

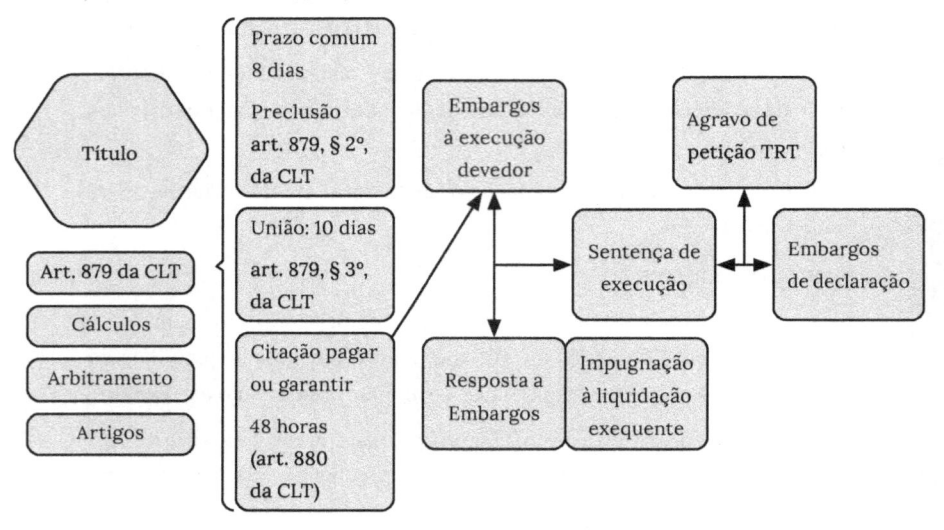

```
                    ┌─ Prazo comum 8 dias
                    │
                    │  Preclusão         Embargos              Agravo de
      Título  ──────┤  art. 879, § 2º,   à execução            petição TRT
                    │  da CLT            devedor
                    │
                    │  União: 10 dias                  Sentença de      Embargos
Art. 879 da CLT ────┤  art. 879, § 3º,                 execução         de declaração
                    │  da CLT
   Cálculos         │
                    │  Citação pagar                   Impugnação
  Arbitramento      │  ou garantir       Resposta a    à liquidação
                    │  48 horas          Embargos      exequente
    Artigos         │  (art. 880
                    └─ da CLT)
```

O agravo de petição é recurso exclusivo da fase de execução.

Capítulo 4

Ações especiais utilizadas no processo do trabalho

Nesta seção, apresentaremos algumas das principais ações cíveis que são utilizadas de forma corriqueira no processo do trabalho, tais como: embargos de terceiro; inquérito judicial para apuração de falta grave; ação de consignação em pagamento; ação de cumprimento; ação de interdito proibitório; e mandado de segurança.

— 4.1 —
Embargos de terceiro

Os embargos de terceiro têm previsão legal nos arts. 674 a 681 do Código de Processo Civil (CLT), sendo aplicados de forma subsidiária ao processo do trabalho nos termos dos arts. 769 e 889 da Consolidação das Leis do Trabalho (CLT) e do art. 15 do CPC. O referido procedimento é normalmente utilizado com a finalidade de desconstituição de constrição judicial por possuidores dos bens (terceiros) que não fizeram parte no processo. A parte pode produzir provas para a comprovação de suas alegações.

— 4.1.1 —
Formalidades da peça

Como trata-se de uma ação autônoma, incidental no processo de execução, a peça elaborada deve atender aos requisitos da petição inicial prevista no art. 840, parágrafo único, da CLT, e dos arts. 319 e seguintes do CPC, devendo a parte requerer sua distribuição por dependência aos autos principais da execução.

Vejamos, a seguir, os elementos essenciais dos embargos de terceiro.

a. Endereçamento ao juízo da execução.
b. Distribuição por dependência aos autos n. 00000.
c. Qualificação completa do embargante.
d. Verbo: *propor* ou *ajuizar*.
e. Fundamento legal da peça.
f. Qualificação completa do embargado.
g. Resumo da demanda (fatos).
h. Teses – pedidos.
i. Requerimentos.
j. Notificação do embargado para responder à ação.
k. Recebimento e regular processamento; acolhimento e procedência dos embargos de terceiro.
l. Valor da causa.
m. Encerramento: local, data e assinatura.

Quadro 4.1 – Exemplo da petição de embargos de terceiro

EXCELENTÍSSIMO SENHOR DOUTOR JUIZ DA ____ VARA DO TRABALHO DE [Cidade], [UF]
REQUER A DISTRIBUIÇÃO POR DEPENDÊNCIA AOS AUTOS N. _____
[Nome do embargante], [nacionalidade], [estado civil], [profissão], RG n. _____/[UF], CPF n. _____, PIS n. _____, CTPS n. _____, série n. _____/[UF], residente e domiciliado na Rua/Av. _____, n. _____, bairro _____, [Cidade], [UF], CEP _____, por seu advogado e procurador infra-assinado, mandato incluso, respeitosamente,

(continua)

Ações especiais utilizadas no processo do trabalho

(Quadro 4.1 – continuação)

comparece nos autos em referência, com fulcro nos arts. 674 a 681 do CPC, aplicados subsidiariamente ao processo do trabalho, nos termos dos arts. 769 e 889 da CLT e 15 do CPC, para propor

EMBARGOS DE TERCEIRO, em face de **[Nome do reclamante/exequente]**, já qualificado nos autos, pelos fatos e fundamentos a seguir:

1. DISTRIBUIÇÃO POR DEPENDÊNCIA

Requer a distribuição da presente ação por dependência aos autos n. _____, em que contendem [Nome do reclamante/exequente] e [Nome da pessoa jurídica reclamada/executada], por força ao disposto no art. 676 do CPC.

2. DOS FATOS

O embargante teve o imóvel [indicar], de sua propriedade, penhorado em virtude de execução em demanda trabalhista movida por [Nome do reclamante/exequente] contra [Nome da pessoa jurídica reclamada/executada].

Ocorre que o referido bem fora adquirido pelo embargante em [dd/mmm/aaaa], conforme comprova o contrato de compra e venda em instrumento público, ocasião em que tomou posse do imóvel e efetuou diversas benfeitorias (comprovantes anexos), ou seja, a aquisição ocorreu em período anterior à propositura da demanda trabalhista efetuada por [Nome do reclamante/exequente], que somente ocorreu em [dd/mmm/aaaa].

3. DA LIBERAÇÃO DA PENHORA

Conforme retrocitado, o embargante teve imóvel seu penhorado para quitação de dívida trabalhista da empresa [Nome da pessoa jurídica reclamada/executada].

Entretanto, conforme se observa dos documentos anexados à presente ação, o imóvel, desde [aaaa], já não pertencia à empresa executada.

(Quadro 4.1 – conclusão)

Ademais, o embargante não participou em qualquer fase da demanda trabalhista, não caracterizando-se nenhuma das hipóteses de fraude à execução nos termos do art. 593 do CPC.

Resta comprovada a posse do bem, devendo o mesmo ser liberado.

4. DOS REQUERIMENTOS

a. Requer o regular processamento dos embargos, com a distribuição por dependência aos autos n. _____.

b. Requer a citação do embargado para vir responder aos termos dos embargos.

c. Requer a total procedência dos embargos, determinando-se a liberação do bem objeto da constrição.

d. Protesta provar o alegado por todos os meios provas em direito admitidos.

e. Requer que o embargado seja condenado em custas e honorários advocatícios nos termos dos arts. 789-A e 791-A da CLT.

f. Dá-se a causa o valor de R$ _____.

Nestes termos, pede deferimento.

[Local], [dia] de [mês] de [ano].

[Nome do advogado(a)]

OAB/[UF] n. _____

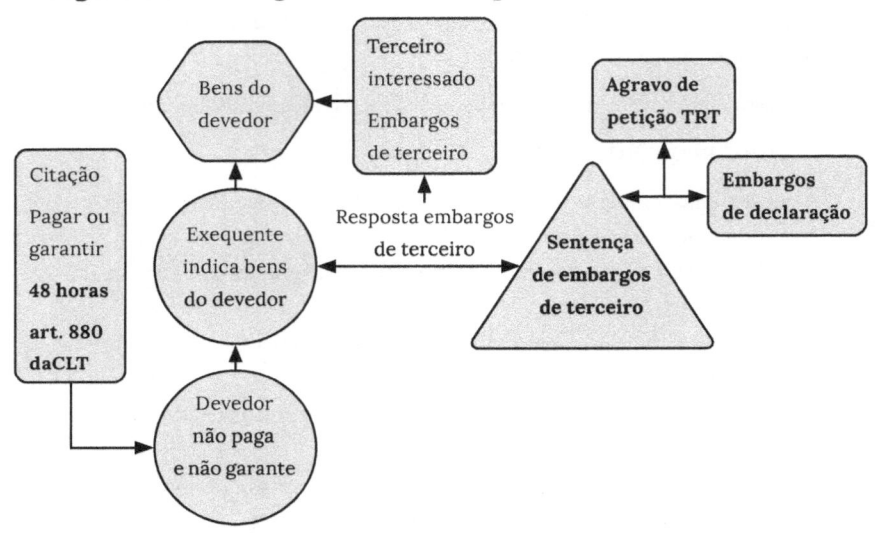

Figura 4.1 – Fluxograma dos embargos de terceiro

```
Citação              Bens do        Terceiro          Agravo de
Pagar ou             devedor        interessado       petição TRT
garantir                            Embargos
48 horas                            de terceiro                  Embargos
art. 880             Exequente      Resposta embargos            de declaração
da CLT               indica bens    de terceiro       Sentença
                     do devedor                       de embargos
                                                      de terceiro
                     Devedor
                     não paga
                     e não garante
```

Os embargos de terceiro somente cabem na fase de execução.

— 4.2 —

Inquérito judicial para apuração de falta grave

O inquérito judicial para apuração de falta grave é um procedimento exclusivo do empregador, que tem por fundamento os arts. 494, 853 a 855, da CLT e as Súmulas n. 197 do STF e n. 379, do TST, e visa comprovar que o empregado portador de estabilidade sindical provisória cometeu falta grave e que, consequentemente, opere-se a rescisão de contrato por justa causa.

A referida ação deve ser proposta no prazo decadencial de 30 dias, consoante os termos do art. 853 da CLT e das Súmulas n. 403, do STF e n. 62 do TST, *in verbis*:

- Súmula n. 403 do STF: "É de decadência o prazo de trinta dias para instauração do inquérito judicial, a contar da suspensão, por falta grave, de empregado estável" (Brasil, 2017b).
- Súmula n. 62 do TST: "O prazo de decadência do direito do empregador de ajuizar inquérito em face do empregado que incorre em abandono de emprego é contado a partir do momento em que o empregado pretendeu seu retorno ao serviço" (Brasil, 2017c).

Vejamos, a seguir, os elementos essenciais da petição de inquérito judicial para apuração de falta grave.

a. Endereçamento completo do Juízo.
b. Empregador – qualificação.
c. Verbo: *propor* ou *ajuizar*.
d. Procedimento: rito ordinário.
e. Fundamento legal da peça: arts. 853 a 855 da CLT.
f. Empregado – qualificação.
g. Fatos.
h. Teses.
i. Requerimentos finais.
j. Valor da causa.
k. Encerramento: local, data e assinatura.

Quadro 4.2 – Exemplo de petição de inquérito judicial para apuração de falta grave

EXCELENTÍSSIMO SENHOR DOUTOR JUIZ DA ____ VARA DO TRABALHO DE [Cidade], [UF]

[Nome do empregador], pessoa jurídica de direito privado, CNPJ n. _____, com sede na Rua/Av. _____, n. _____, bairro _____, [Cidade], [UF], CEP _____, por seu advogado e procurador infra-assinado, mandato incluso, respeitosamente, comparece à presença de Vossa Excelência, para, com fulcro nos arts. 853 a 855 da CLT e arts. 319 e seguintes do CPC, aplicados ao processo do trabalho de forma subsidiária nos termos do art. 769 da CLT e do art. 15 do CPC, propor

INQUÉRITO JUDICIAL PARA APURAÇÃO DE FALTA GRAVE, em face de seu empregado:

[Nome do empregado], [nacionalidade], [estado civil], [profissão], RG n. _____ /[UF], CPF n. _____, PIS n. _____, CTPS n. _____, série n. _____ /[UF], residente e domiciliado na Rua/Av. _____, n. _____, bairro _____, [Cidade], [UF], CEP _____, pelos seguintes fatos e fundamentos:

1. DOS FATOS

O requerido [Nome do empregado] fora contratado pela empresa requerente em [dd/mmm/aaaa], sendo que, em data de [dd/mmm/aaaa], fora eleito dirigente sindical conforme ata anexa. Ocorre, porém, que o requerido, no dia [dd/mmm/aaaa], às ____ horas, em pleno expediente, ao ser convocado pelo seu chefe imediato para auxiliar o funcionário Y, recém-contratado, negou-se a auxiliá-lo e, em ato contínuo, passou a proferir palavras de baixo calão direcionadas ao chefe imediato e ainda tentou agredi-lo, o que foi impedido de fazer por colegas de trabalho.

(continua)

(Quadro 4.2 – conclusão)

2. DO DIREITO

Ante o fato do requerido ter estabilidade provisória nos termos do art. 8º, inciso VIII, da CF/1988 e art. 543, parágrafo 3º, da CLT. e Súmula 369, do TST. Porém, cometeu falta grave, conforme as hipóteses previstas no art. 482, alíneas "h" e "k", da CLT. Tendo em vista o exposto, o requerido foi suspenso ante os termos do art. 494 da CLT. Dessa forma, a requerente requer o reconhecimento da falta grave cometida e a consequente extinção do contrato de trabalho.

3. REQUERIMENTOS FINAIS

Diante do exposto requer:

a. A total procedência do pedido de reconhecimento da falta grave cometida e a consequente extinção do contrato de trabalho.

b. A notificação do requerido, para, querendo, responder ao presente inquérito, bem como comparecer à audiência sob pena de revelia e confissão.

c. Protesta provar o alegado por todos os meios de prova em direito admitidas.

d. A condenação do requerido em honorários e custas processuais.

e. Dar-se à causa o valor de R$ _____.

Nestes termos, pede deferimento.

[Local], [dia] de [mês] de [ano].

[Nome do advogado(a)]

OAB/[UF] n. _____

— 4.3 —
Ação de consignação em pagamento

A ação de consignação em pagamento, com previsão nos arts. 539 a 549 do CPC, tem como finalidade o depósito judicial de quantia ou de coisa (móvel ou imóvel) devida.

No caso do processo do trabalho, os fundamentos da ação terão como base a relação de trabalho ou emprego cuja aplicação ocorrerá de forma subsidiária e complementar ao processo do trabalho por força dos arts. 769 da CLT e do art. 15 do CPC.

Trata-se de uma ação em que, no polo ativo, sempre figurará o empregador.

Vejamos, a seguir, os elementos essenciais dessa peça processual.

a. Endereçamento completo (sem abreviaturas).
b. Qualificação completa do consignante (empregador).
c. Verbos: *propor, ajuizar.*
d. Identificação e previsão legal: arts. 539 a 549 do CPC.
e. Qualificação completa do consignatário (reclamante).
f. Fatos e fundamentos jurídicos do pedido – teses.
g. Pedidos: procedência dos pedidos, com o objetivo da quitação das respectivas obrigações.
h. Requerimentos finais:
   - citação do requerido para levantar o depósito dos valores ou coisas.
   - protesto por provas.

i. Valor da causa.

j. Encerramento: local, data e assinatura.

Quadro 4.3 – Modelo de petição de ação de consignação em pagamento

EXCELENTÍSSIMO SENHOR DOUTOR JUIZ DO TRABALHO DA _____ VARA DO TRABALHO DE [Cidade], [UF]

[**Nome do consignante**], pessoa jurídica de direito privado, CNPJ n. _____, com sede na Rua/Av. _____, n. _____, bairro _____, [Cidade], [UF], CEP _____, vem à presença de Vossa Excelência, com fulcro nos arts. 539 a 549 do CPC, aplicados subsidiariamente ao processo do trabalho por força do art. 769 da CLT e do art. 15 do CPC, propor

AÇÃO DE CONSIGNAÇÃO EM PAGAMENTO, contra

[**Nome do consignatário**], [nacionalidade], [estado civil], [profissão], RG n. _____/[UF], CPF n. _____, PIS n. _____, CTPS n. _____, série n. _____/[UF], residente e domiciliado na Rua/Av. _____, n. _____, bairro _____, [Cidade], [UF], CEP _____, pelos fundamentos de fato e de direito a seguir aduzidos:

1. DOS FATOS

O consignatário foi contratado pela consignante em: [dd/mmm/aaaa] para exercer o cargo de _____, com salário mensal de R$ _____.

Em data [dd/mmm/aaaa], o consignatário afastou-se do trabalho em virtude de férias, que perduraram até o dia [dd/mmm/aaaa], quando deveria ter retornado ao trabalho.

Passados mais de 20 dias sem que o consignatário retornasse ao trabalho, a consignante enviou-lhe uma notificação extrajudicial, sendo devidamente recebida em data de [dd/mmm/aaaa].

(continua)

(Quadro 4.3 – continuação)

2. DOS FUNDAMENTOS LEGAIS

Conforme relatado, o consignatário foi pessoalmente notificado para retornar ao trabalho, pois, há mais de 50 dias, não comparece ao serviço, tampouco justifica suas ausências. A CLT no art. 482, alínea "i", preconiza que o abandono de emprego é causa de rescisão de contrato de trabalho por justa causa. Assim, visando quitar as parcelas rescisórias e não incorrer em mora com a aplicação da multa do art. 477, parágrafo 8º, da CLT, a consignante ingressa com a presente ação para pagamento das respectivas verbas e quitação das obrigações trabalhistas.

3. DAS VERBAS RESCISÓRIAS

O consignatário foi admitido em [dd/mmm/aaaa], com salário mensal de R$ _____.

Em [dd/mmm/aaaa], afastou-se do trabalho, devendo retornar a suas atividades em [dd/mmm/aaaa], entretanto não o fez.

Dessa forma, faz jus às seguintes verbas rescisórias:

Saldo de salário	R$ a apurar
FGTS (8%) sobre o saldo do salário	R$ a apurar
Férias integrais simples, mais 1/3	R$ a apurar
Total a depositar	R$ a apurar

4. DOS PEDIDOS E REQUERIMENTOS

Ante o exposto, requer:

a. A procedência dos pedidos ventilados na presente ação, depositando as verbas rescisórias com efeito de quitação.
b. A citação do consignatário para que compareça em audiência e levante os valores depositados, apresente sua CTPS para a baixa e retire as guias do Termo de Rescisão de Contrato de Trabalho (TRCT) ou apresente defesa, sob pena de revelia e/ou incidência dos efeitos da confissão.

(Quadro 4.3– conclusão)

c. A declaração da extinção da obrigação e a condenação do réu ao pagamento das custas e honorários advocatícios.

d. Protesta provar o alegado por todos os meios de prova em direito admitidos, em especial, prova documental, testemunhal, pericial e outros mais que se fizerem necessárias e que desde já ficam requeridas.

Dá-se a causa o valor de R$ _____.

Nestes termos, pede deferimento.

[Local], [dia] de [mês] de [ano].

[Nome do advogado(a)]

OAB/[UF] n. _____

— 4.4 —
Ação de cumprimento

A ação de cumprimento, com previsão legal no art. 872, parágrafo único, da CLT e nas Súmulas n. 246 e 286 do TST, presta-se a compelir os empregadores a cumprir o disposto em acordo coletivo, convenção coletiva ou sentença normativa.

Esclarecem Jorge Neto e Cavalcante (2018, p. 1.509) que, "apesar de a CLT mencionar apenas o pagamento de salários, também cabe ação de cumprimento de decisão normativa envolvendo outras obrigações decorrentes do acordo celebrado ou da sentença normativa proferida nos autos do dissídio coletivo de trabalho".

No polo ativo da ação podem figurar: os empregados, individualmente ou em litisconsórcio ativo facultativo, e o sindicato da categoria, em substituição processual.

- Súmula n. 286 do TST: "A legitimidade do sindicato para propor ação de cumprimento estende-se também à observância de acordo ou de convenção coletivos" (Brasil, 2017c).

Jorge Neto e Cavalcante (2018, p. 1.511) explicam que "a execução da sentença normativa, por intermédio da ação de cumprimento, antes do trânsito em julgado, é uma faculdade, de modo que o prazo prescricional começa a fluir do trânsito em julgado da decisão".

- Súmula n. 350 do TST: "PRESCRIÇÃO. TERMO INICIAL. AÇÃO DE CUMPRIMENTO. SENTENÇA NORMATIVA (mantida) – Res. 121/2003, DJ 19, 20 e 21.11.2003. O prazo de prescrição com relação à ação de cumprimento de decisão normativa flui apenas da data de seu trânsito em julgado" (Brasil, 2017c).

Vejamos, a seguir, os elementos fundamentais da petição de ação de cumprimento.

a. Endereçamento completo (sem abreviaturas) – Vara do Trabalho.
b. Qualificação completa do autor (empregado ou sindicato).
c. Verbos: *propor, ajuizar.*
d. Identificação e previsão legal: arts. 872, parágrafo único, da CLT, e 319 e seguintes do CPC, aplicados subsidiariamente ao processo do trabalho por força dos arts. 769 da CLT e 15 do CPC.

e. Qualificação completa do empregador.
f. Fatos e fundamentos jurídicos do pedido – teses.
g. Pedidos: procedência dos pedidos, com o objetivo de cumprimento das respectivas obrigações.
h. Requerimentos finais:
   - citação do requerido para responder à ação sob pena de revelia e confissão e cumprimento da obrigação;
   - honorários e custas processuais (art. 791-A da CLT).
i. Valor da causa.
j. Encerramento: local, data e assinatura.

Quadro 4.4 – Exemplo de petição de ação de cumprimento

EXCELENTÍSSIMO SENHOR DOUTOR JUIZ DO TRABALHO DA _____ VARA DO TRABALHO DE [Cidade], [UF]

[**Nome do empregado ou sindicato**], [qualificação completa], vem à presença de Vossa Excelência, com fulcro nos arts. 872, parágrafo único, da CLT, e 319 e seguintes do CPC, aplicados subsidiariamente ao processo do trabalho por força dos arts. 769 da CLT e 15 do CPC, propor

AÇÃO DE CUMPRIMENTO, contra

[**Nome do empregador**], pessoa jurídica de direito privado, CNPJ n. _____, com sede na Rua/Av. _____, n. _____, bairro _____, [Cidade], [UF], CEP _____, pelos fundamentos de fato e de direito a seguir aduzidos:

1. DOS FATOS E FUNDAMENTOS

O Sindicato [Nome do sindicato] e a empresa [Nome do empregador], ora requerida, firmaram Acordo Coletivo de Trabalho, em [dd/mmm/aaaa], ficando estabelecido, na Cláusula n. _____ que a partir da data [dd/mmm/aaaa], que seria pago aos empregados da empresa o valor de R$ _____, a título de auxílio alimentação.

(continua)

(Quadro 4.4 – conclusão)

Entretanto, passados ____ meses, e conforme noticiado pelos empregados da empresa requerida, esta não vem cumprindo com o disposto na referida cláusula n. ____ do acordo coletivo vigente.

Portanto, conforme o disposto no art. 872, parágrafo único, da CLT, a empresa deve ser compelida a efetuar o pagamento da verba auxílio-alimentação aos empregados, sob pena de aplicação de multa diária prevista na cláusula n. ____ do Acordo Coletivo em questão.

2. DOS PEDIDOS E REQUERIMENTOS

Ante o exposto, requer:

a. A procedência dos pedidos ventilados na presente ação, com a condenação da requerida ao comprimento imediato da cláusula n. ____, sob pena de aplicação de multa diária prevista na cláusula n. ____ do Acordo Coletivo em questão.

b. A citação do requerido para que compareça em audiência e apresente defesa, sob pena de revelia e/ou incidência dos efeitos da confissão.

c. A condenação da empresa em honorários e custas processuais (art. 791-A da CLT).

Dá-se a causa o valor de R$ _____.

Nestes termos, pede deferimento.

[Local], [dia] de [mês] de [ano].

[Nome do advogado(a)]

OAB/[UF] n. _____

— 4.5 —

Ação de interdito proibitório

A ação de interdito proibitório, com previsão nos arts. 567 e 568, do CPC, tem aplicação no processo do trabalho, face à ocorrência de movimento paredista e se deste se vislumbre o risco iminente do empregador ser tolhido da posse de seu empreendimento (empresa) em razão de turbação ou esbulho propiciado pelos grevistas.

A aplicação do referido instituto ocorre de forma subsidiária e complementar ao processo do trabalho por força dos arts. 769 da CLT e 15 do CPC.

Trata-se de ação em que, no polo ativo, sempre figurará o empregador.

Vejamos, a seguir, os elementos fundamentais dessa peça processual.

a. Endereçamento completo (sem abreviaturas). Vara do Trabalho.
b. Qualificação completa do empregador
c. Verbos: *propor, ajuizar.*
d. Identificação e previsão legal: arts. 567 a 568 do CPC, aplicados subsidiariamente ao processo do trabalho por força dos arts. 769 da CLT e 15 do CPC.
e. Qualificação completa do réu (Sindicato).
f. Fatos e fundamentos jurídicos do pedido – teses.
g. Pedidos: expedição do mandado proibitório contra a ameaça/ multa diária.
h. Requerimentos finais:
   - citação do requerido para responder a ação sob pena de revelia e confissão;
   - protesto por provas.

i. Valor da causa.

j. Encerramento: local, data e assinatura.

Quadro 4.5 – Modelo de petição de interdito proibitório

EXCELENTÍSSIMO SENHOR DOUTOR JUIZ DO TRABALHO DA _____ VARA DO TRABALHO DE [Cidade], [UF]

[**Nome do empregador**], pessoa jurídica de direito privado, CNPJ n. _____, com sede na Rua/Av. _____, n. _____, bairro _____, [Cidade], [UF], CEP _____, vem à presença de Vossa Excelência, com fulcro nos arts. 567 e 568 do CPC, aplicados subsidiariamente ao processo do trabalho por força dos arts. 769 da CLT e 15 do CPC, propor

AÇÃO DE INTERDITO PROIBITÓRIO, contra

[**Nome do sindicato**], pessoa jurídica de direito privado, CNPJ n. _____, com sede na Rua/Av. _____, n. _____, bairro _____, [Cidade], [UF], CEP _____, pelos fundamentos de fato e de direito a seguir aduzidos:

1. DOS FATOS E FUNDAMENTOS

O requerente atua no ramo de _____, cuja data base é [dd/mmm/aaaa], em que pesem as tratativas de negociação, desde o dia [dd/mmm/aaaa], e os empregados estão em greve, sob a coordenação do Sindicato de classe: _____.

Ocorre que, além da paralisação das atividades da empresa, os funcionários acompanhados dos representantes sindicais estão divulgando que haverá o IMPEDIMENTO a entrada dos trabalhadores que não aderiram à greve e também do PRÓPRIO EMPREGADOR à sede do estabelecimento.

Assim, ante a flagrante turbação e esbulho à posse, e com fulcro nos arts. 114, II, da CF/1988, 1.210 do Código Civil, 567 do CPC e na Súmula Vinculante n. 23 do STF, assiste razão ao requerente na obtenção de mandado proibitório contra os atos praticados pelo requerido, bem como deve o MM. Juiz arbitrar multa diária em caso de descumprimento da referida ordem.

(continua)

(Quadro 4.5 – conclusão)

2. DOS PEDIDOS E REQUERIMENTOS

Ante o exposto, requer:

a. A procedência dos pedidos com a determinação de expedição de mandado proibitório contra os atos praticados pelo requerido, bem como deve o MM. Juiz arbitrar multa diária em caso de descumprimento da referida ordem.

b. A citação do Sindicato requerido para que apresente defesa, sob pena de revelia e/ou incidência dos efeitos da confissão.

c. A condenação do requerido em honorários e custas processuais (art. 791-A, da CLT).

d. Protesta provar o alegado por todos os meios de prova em direito admitidos, em especial, prova documental, testemunhal, pericial e outras mais que se fizerem necessárias e que desde já ficam requeridas.

Dá-se a causa o valor de R$ _____.

Nestes termos, pede deferimento.

[Local], [dia] de [mês] de [ano].

[Nome do advogado(a)]

OAB/[UF] n. _____

— 4.6 —
Mandado de segurança

O mandado de segurança é medida que tem por finalidade proteger garantias e direitos sociais do cidadão em razão de ato de autoridade coatora.

O art. 5º, incisos LXIX e LXX, da Constituição Federal de 1988, estabelece:

> LXIX – conceder-se-á mandado de segurança para proteger direito líquido e certo, não amparado por *habeas corpus* ou *habeas data*, quando o responsável pela ilegalidade ou abuso de poder for autoridade pública ou agente de pessoa jurídica no exercício de atribuições do Poder Público.
>
> LXX – o mandado de segurança coletivo pode ser impetrado por:
>
> a) partido político com representação no Congresso Nacional;
>
> b) organização sindical, entidade de classe ou associação legalmente constituída e em funcionamento há pelo menos um ano, em defesa dos interesses de seus membros ou associados. (Brasil, 1988)

O art. 114 da Constituição Federal de 1988 disciplina que: "Compete à Justiça do Trabalho processar e julgar: [...] IV – os mandados de segurança, *habeas corpus* e *habeas data*, quando o ato questionado envolver matéria sujeita à sua jurisdição" (Brasil, 1988).

O art. 1º da Lei n. 12.016, de 7 de agosto de 2009, estipula que:

> Art. 1º Conceder-se-á mandado de segurança para proteger direito líquido e certo, não amparado por *habeas corpus* ou *habeas data*, sempre que, ilegalmente ou com abuso de poder, qualquer pessoa física ou jurídica sofrer violação ou houver

justo receio de sofrê-la por parte de autoridade, seja de que categoria for e sejam quais forem as funções que exerça. (Brasil, 2009)

Cumpre proteger direito líquido e certo de determinada pessoa contra ato abusivo de autoridade. O ato abusivo não deve ensejar dúvidas e deve ser comprovado de plano, haja vista que a medida não admite instrução probatória.

Hely Lopes Meirelles (1983, p. 11), explica que "direito líquido e certo é o que se apresenta manifesto na sua existência, delimitado na sua extensão e apto a ser exercitado no momento da impetração".

O prazo para ajuizamento é de 120 dias contados da ciência do ato ilegal.

- Súmula n. 430 do STF: "Prazo é de decadência – importa na perda do direito de impetrar o *mandamus*. Não se interrompe e nem há a suspensão após iniciado" (Brasil, 2017b).

O titular do direito líquido e certo lesado ou ameaçado pode ser pessoa física ou jurídica. O STF, por intermédio das Súmulas n. 629 e 630, entende pela possibilidade de o mandado de segurança ser impetrado por entidade de classe visando interesses coletivos: o sujeito passivo no mandado de segurança é a autoridade coatora, que pode ser definida como a autoridade que tem o dever funcional de responder pelo ato ou comportamento material impugnado na via do mandado de segurança (STF, 2017b).

Estabelece o art. 1º da Lei n. 12.016/2009:

> Art. 1º Conceder-se-á mandado de segurança para proteger direito líquido e certo, não amparado por *habeas corpus* ou *habeas data*, sempre que, ilegalmente ou com abuso de poder, qualquer pessoa física ou jurídica sofrer violação ou houver justo receio de sofrê-la por parte de autoridade, seja de que categoria for e sejam quais forem as funções que exerça.
>
> § 1º Equiparam-se às autoridades, para os efeitos desta Lei, os representantes ou órgãos de partidos políticos e os administradores de entidades autárquicas, bem como os dirigentes de pessoas jurídicas ou as pessoas naturais no exercício de atribuições do poder público, somente no que disser respeito a essas atribuições. (Brasil, 2009)

Vejamos, a seguir, os requisitos essenciais para impetrar mandado de segurança.

a. Endereçamento completo do juízo (sem abreviaturas):
- **ao Juiz do Trabalho da _____ Vara do Trabalho ou Juiz de Direito investido em matéria trabalhistas, contra atos:** de Auditores-Fiscais do Trabalho (Ministério do Trabalho e Emprego – MTE); de Procuradores do Trabalho (Ministério Público do Trabalho – MPT); de Oficiais de Cartório;
- **ao Juiz-Presidente ou Desembargador-Presidente do Tribunal Regional do Trabalho da _____ Região, contra atos:** do Juiz do Trabalho da Vara do Trabalho; do Juiz de Direito investido em matéria trabalhista; do Juiz ou Desembargador do próprio TRT; de diretor e demais

servidores da Secretaria da Vara ou Cartório; ou atos dos servidores do próprio TRT; ou
- ao Ministro-Presidente do Tribunal Superior do Trabalho, contra atos do Ministro do próprio TST.

b. Qualificação completa do impetrante.
c. Verbo: *impetrar*.
d. Identificação e previsão legal: arts 5°, incisos LXIX e LXX, e art. 114, inciso IV, da CF/1988 e Lei n. 12.016/2009.
e. Qualificação completa da autoridade coatora.
f. Fatos e fundamentos jurídicos do pedido – teses.
g. Requerimentos finais:
   - notificação da autoridade coatora;
   - concessão da medida *inaudita altera pars*;
   - intimação do Ministério Público.
h. Valor da causa.
i. Encerramento: local, data e assinatura.

Quadro 4.6 – Modelo de mandado de segurança

EXCELENTÍSSIMO SENHOR DOUTOR DESEMBARGADOR PRESIDENTE DO EGRÉGIO TRIBUNAL REGIONAL DO TRABALHO DA _____ REGIÃO

[Nome do impetrante], [qualificação completa da pessoa física ou jurídica], vem à presença de Vossa Excelência, com fulcro nos arts. 5°, inciso LXIX, da CF/1988 e 1° da Lei n. 12.016/2009, aplicados subsidiariamente ao processo do trabalho por força do art. 769 da CLT, impetrar

MANDADO DE SEGURANÇA, contra ato do

Autoridade coatora [**Nome do impetrado**], [qualificação completa da pessoa física ou jurídica], pelos fundamentos de fato e de direito a seguir aduzidos:

(continua)

(Quadro 4.6 – continuação)

1. FATOS E FUNDAMENTOS

Foi ajuizada reclamação trabalhista em razão do impetrante, que se encontra em grau de recurso ordinário, aguardando julgamento.

Requerida a extração da carta de sentença, e iniciada a execução provisória, o Magistrado determinou o bloqueio de R$ _____ nas contas da impetrante, resultando na impossibilidade de gerenciamento da atividade econômica que desenvolve.

O ato coator está eivado de ilegalidade por ofender a garantia conferida ao devedor, na execução provisória, no que tange ao processamento da execução da maneira menos gravosa ao executado, conforme prescreve o art. 805 do CPC, aplicado por conta dos arts. 889 e 769 da CLT.

2. DA CONCESSÃO DA MEDIDA LIMINAR

No caso concreto, não há dúvida de que a manutenção do ato atacado resultará na ineficiência da segurança, caso seja concedida quando do julgamento definitivo do presente mandado de segurança, nos termos do art. 7º, inciso III, da Lei n. 12.016/2009.

Portanto, presentes os requisitos, o impetrante faz jus à concessão de medida liminar para que o ato seja suspenso, pela relevância do fundamento jurídico e pela ineficácia do deferimento da medida apenas no julgamento definitivo.

3. DOS PEDIDOS E REQUERIMENTOS

Em face ao exposto, requer:

a. processamento do presente mandado de segurança, com notificação da autoridade coatora do conteúdo da petição inicial, enviando-lhe a segunda via apresentada com as cópias dos documentos, a fim de que, no prazo de 10 (dez) dias, preste as informações necessárias;

b. ciência do feito ao órgão de representação judicial da pessoa jurídica interessada, enviando-lhe cópia da inicial sem documentos, para que, querendo ingresse no feito;

c. a concessão da medida liminar *inaudita altera pars*, para que se suspenda o ato atacado, liberando os valores bloqueados;

(Quadro 4.6 – conclusão)

d. intimação do Ministério Público do Trabalho para que apresente a sua manifestação no presente *writ*;.
e. no mérito, pleiteia a concessão da segurança em caráter definitivo, com a cassação dos efeitos da medida imposta;
f. Outrossim, pleiteia a condenação da impetrada ao pagamento de custas e demais despesas processuais.

Dá-se a causa o valor de R$ _____.

Nestes termos, pede deferimento.

[Local], [dia] de [mês] de [ano].

[Nome do advogado(a)]
OAB/[UF] n. _____

— 4.7 —
Ação rescisória

A ação rescisória é ação especial cujo objetivo é desconstituir ou anular uma decisão transitada em julgado em razão de vícios em seu conteúdo (CPC, arts. 966 a 975)

O art. 836 da CLT prevê a aplicação da ação rescisória para o processo trabalhista:

> Art. 836. É vedado aos órgãos da Justiça do Trabalho conhecer de questões já decididas, excetuados os casos expressamente previstos neste Título e a ação rescisória, que será admitida na forma do disposto no Capítulo IV do Título IX da Lei no 5.869, de 11 de janeiro de 1973 – Código de Processo Civil, sujeita ao

depósito prévio de 20% (vinte por cento) do valor da causa, salvo prova de miserabilidade jurídica do autor.

Parágrafo único. A execução da decisão proferida em ação rescisória far-se-á nos próprios autos da ação que lhe deu origem, e será instruída com o acórdão da rescisória e a respectiva certidão de trânsito em julgado. (Brasil, 1943)

De acordo com os termos do art. 966 do CPC e da Súmula n. 299, itens I e III, do TST, a ação rescisória somente poderá rescindir decisão transitada em julgado, "em outras palavras, as sentenças definitivas, devendo a ação rescisória proposta contra sentença terminativa ser considerada juridicamente impossível" (Jorge Neto; Cavalcante, 2018, p. 1.306).

Transcreve-se a Súmula n. 299 do TST:

> AÇÃO RESCISÓRIA. DECISÃO RESCINDENDA. TRÂNSITO EM JULGADO. COMPROVAÇÃO. EFEITOS.
>
> I – É indispensável ao processamento da ação rescisória a prova do trânsito em julgado da decisão rescindenda. (II – Verificando o relator que a parte interessada não juntou à inicial o documento comprobatório, abrirá prazo de 15 (quinze) dias para que o faça (art. 321 do CPC de 2015), sob pena de indeferimento.
>
> III – A comprovação do trânsito em julgado da decisão rescindenda é pressuposto processual indispensável ao tempo do ajuizamento da ação rescisória. Eventual trânsito em julgado posterior ao ajuizamento da ação rescisória não reabilita

a ação proposta, na medida em que o ordenamento jurídico não contempla a ação rescisória preventiva.

IV – O pretenso vício de intimação, posterior à decisão que se pretende rescindir, se efetivamente ocorrido, não permite a formação da coisa julgada material. Assim, a ação rescisória deve ser julgada extinta, sem julgamento do mérito, por carência de ação, por inexistir decisão transitada em julgado a ser rescindida. (Brasil, 2017c)

A ação rescisória é de competência dos Tribunais Regionais, consoante o disposto no art. 678, inciso I, alínea "c", 2, da CLT, que assim dispõe:

> Art. 678. Aos Tribunais Regionais, quando divididos em Turmas, compete: [...]
>
> c) processar e julgar em última instância: [...]
>
> 2) as ações rescisórias das decisões da Juntas de Conciliação e Julgamento, dos Juízes de Direito investidos na jurisdição trabalhista, das Turmas e de seus próprios acórdãos. (Brasil, 1943)

Com relação à legitimidade, pode propor a ação rescisória, nos termos do art. 967 do CPC: "todo aquele que foi parte no processo, ou seu sucessor; o terceiro interessado (interesse jurídico não apenas econômico); o Ministério Público quando a sentença decorreu de colusão entre as partes e o Sindicato (quando atuou como substituto processual) Súmula 406, do TST" (Brasil, 2015).

— 4.7.1 —
Hipóteses de cabimento

O art. 966 do CPC relaciona de forma taxativa as hipóteses de cabimento da ação rescisória:

> Art. 966. A decisão de mérito, transitada em julgado, pode ser rescindida quando:
>
> I – se verificar que foi proferida por força de prevaricação, concussão ou corrupção do juiz;
>
> II – for proferida por juiz impedido ou por juízo absolutamente incompetente;
>
> III – resultar de dolo ou coação da parte vencedora em detrimento da parte vencida ou, ainda, de simulação ou colusão entre as partes, a fim de fraudar a lei;
>
> IV – ofender a coisa julgada;
>
> V – violar manifestamente norma jurídica;
>
> VI – for fundada em prova cuja falsidade tenha sido apurada em processo criminal ou venha a ser demonstrada na própria ação rescisória;
>
> VII – obtiver o autor, posteriormente ao trânsito em julgado, prova nova cuja existência ignorava ou de que não pôde fazer uso, capaz, por si só, de lhe assegurar pronunciamento favorável;
>
> VIII – for fundada em erro de fato verificável do exame dos autos.

§ 1º Há erro de fato quando a decisão rescindenda admitir fato inexistente ou quando considerar inexistente fato efetivamente ocorrido, sendo indispensável, em ambos os casos, que o fato não represente ponto controvertido sobre o qual o juiz deveria ter se pronunciado. (Brasil, 2015)

As oito hipóteses previstas no art. 966 do CPC são taxativas e exaustivas.

— 4.7.2 —
Requisitos específicos da petição inicial da ação rescisória

A petição inicial deve observar os requisitos do art. 319 do CPC, por força do disposto no art. 968 do mesmo código, aplicados ao processo do trabalho em razão da norma contida no art. 836 da CLT.

De acordo com o inciso I do art. 968 do CPC e com a Orientação Jurisprudencial n. 78, SBDI-2, do TST, cabe ao autor "cumular ao pedido de rescisão, se for o caso o de novo julgamento da causa" (Brasil, 2015; 2016).

Deve ainda efetuar o depósito prévio equivalente a "5% (cinco por cento) sobre o valor da causa, que se converterá em multa caso a ação seja, por unanimidade de votos, declarada inadmissível ou improcedente" (art. 968, II, CPC, Brasil, 2015), salvo é claro os casos de pedido de justiça gratuita devidamente demonstrados.

Também é requisito essencial a prova do trânsito em julgado da decisão rescindenda, nos termos da Súmula n. 299 do TST:

> AÇÃO RESCISÓRIA. DECISÃO RESCINDENDA. TRÂNSITO EM JULGADO. COMPROVAÇÃO. EFEITOS
>
> I – É indispensável ao processamento da ação rescisória a prova do trânsito em julgado da decisão rescindenda.
>
> II – Verificando o relator que a parte interessada não juntou à inicial o documento comprobatório, abrirá prazo de 15 (quinze) dias para que o faça (art. 321 do CPC de 2015), sob pena de indeferimento.
>
> III – A comprovação do trânsito em julgado da decisão rescindenda é pressuposto processual indispensável ao tempo do ajuizamento da ação rescisória. Eventual trânsito em julgado posterior ao ajuizamento da ação rescisória não reabilita a ação proposta, na medida em que o ordenamento jurídico não contempla a ação rescisória preventiva.
>
> IV – O pretenso vício de intimação, posterior à decisão que se pretende rescindir, se efetivamente ocorrido, não permite a formação da coisa julgada material. Assim, a ação rescisória deve ser julgada extinta, sem julgamento do mérito, por carência de ação, por inexistir decisão transitada em julgado a ser rescindida. (Brasil, 2017c)

Diante da aplicação do art. 319 do CPC e dos requisitos específicos, a petição deve apresentar a estrutura básica a seguir:

a. Endereçamento ao Tribunal Regional.
b. Qualificação completa do autor.
c. Verbos: *propor ou ajuizar*.
d. Identificação e previsão legal da peça: arts. 319, 966 e seguintes do CPC, aplicados subsidiariamente ao processo do trabalho nos termos do art. 836 da CLT.
e. Qualificação completa do requerido.
f. Depósito prévio.
g. Prova do trânsito em julgado da decisão rescindenda.
h. Fatos.
i. Fundamentos jurídicos dos pedidos consubstanciados no art. 966 do CPC.
j. Requerimentos finais.
k. Valor da causa.
l. Encerramento: local, data, assinatura.

Quadro 4.7 – Modelo de ação rescisória

EXCELENTÍSSIMO SENHOR DOUTOR DESEMBARGADOR PRESIDENTE DO EGRÉGIO TRIBUNAL REGIONAL DO TRABALHO DA ____ REGIÃO
[Nome do reclamante], pessoa jurídica de direito privado, CNPJ n. _____, com sede na Rua/Av. _____, n. _____, bairro _____, [Cidade], [UF], CEP _____, vem à presença de Vossa Excelência, com fulcro no art. 5º, inciso LXIX, da CF/1988 e nos arts. 319, 966 e seguintes do CPC, aplicados subsidiariamente ao processo do trabalho nos termos do art. 836 da CLT, por seu advogado e procurador infra-assinado, mandato incluso, propor a presente:
(continua)

(Quadro 4.7 – continuação)

AÇÃO RESCISÓRIA, em face de

[Nome do reclamado], [nacionalidade], [estado civil], [profissão], RG n. _____/[UF], CPF n. _____, PIS n. _____, CTPS n. _____, série n. _____/[UF], residente e domiciliado na Rua/Av. _____, n. _____, bairro _____, [Cidade], [UF], CEP _____, diante dos seguintes fatos e fundamentos:

1. DEPÓSITO PRÉVIO

O autor apresenta, com a petição da ação, o comprovante demonstrando ter efetuado o depósito prévio nos termos do inciso I do art. 968 do CPC.

2. DA PROVA DO TRÂNSITO EM JULGADO DA SENTENÇA

Atendendo ao disposto no inciso II do art. 968 do CPC e Súmula n. 299 do TST, apresenta cópia da certidão comprovando o trânsito em julgado da sentença objeto da ação rescisória.

3. DOS FATOS E FUNDAMENTOS

O requerido ajuizou reclamação trabalhista em face do requerente, cuja demanda foi julgada totalmente procedente em seus pedidos.

A sentença transitou em julgado em [dd/mmm/aaaa].

4. AÇÃO RESCISÓRIA EM FACE DE SENTENÇA FUNDAMENTADA EM "ERRO DE FATO" (inciso VIII, art. 966, do CPC)

Conforme já noticiado a sentença transitou em julgado em [dd/mmm/aaaa]

Ocorre, porém, que o MM. Juiz da Vara do Trabalho de [Cidade], [UF], ao proferir a decisão, foi induzido a erro de fato, haja vista que a notificação expedida pela vara referente ao ajuizamento da reclamação trabalhista foi endereçada a local diverso do correto endereço da sede da empresa, tendo sido recebida por pessoa totalmente estranha aos quadros da empresa.

A empresa, é público e notório, e conforme divulga através do seu setor de marketing e das redes sociais, tem a sua sede na rua _____, n. _____, do bairro _____, da cidade _____.

(Quadro 4.7 – conclusão)

Devolvido o aviso de recebimento, errôneo, sem conhecimento de tal fato, o MM Juiz, por ocasião da audiência então designada, entendeu como válida a notificação, tendo aplicado à empresa ora requerente a pena de revelia e confissão quanto à matéria de fato.

Assim, Senhores Julgadores, ante o narrado, configura-se efetivamente o erro de fato consoante o disposto no inciso VIII do art. 968 do CPC, aplicado subsidiariamente ao processo do trabalho nos termos do art. 836 da CLT.

Portanto, requer-se seja declarada a nulidade da citação então efetuada, bem como a rescisão da sentença, com a determinação de renovação de todos os atos desde a distribuição da inicial.

5. DOS PEDIDOS E REQUERIMENTOS

Ante o todo exposto,

a. Requer a procedência do pedido, declarando-se a nulidade da citação então efetuada, bem como a rescisão da sentença, com a determinação de renovação de todos os atos desde a distribuição da inicial.

b. Requer a citação do requerido para, querendo, apresente contestação no prazo legal.

c. Protesta provar o alegado por todos os meios em direito admitidos, em especial, depoimento do requerido, documental, testemunhal, pericial e outros que se fizerem necessários.

d. Requer ainda que o requerido seja condenado ao pagamento de honorários advocatícios nos termos do art. 791-A da CLT.

Dá-se a causa o valor de R$ _____.

Nestes termos, pede deferimento.

[Local], [dia] de [mês] de [ano].

[Nome do advogado(a)]

OAB/[UF] n. _____

Considerações finais

Na presente obra, elaborada com linguagem técnica e direta, nosso intuito foi apresentar um conteúdo que auxiliasse o estudante e o profissional do direito a se aprofundar sobre as peculiaridades das peças processuais mais utilizadas no dia a dia forense do trabalho.

Para tanto, abordamos aspectos técnicos das peças processuais visando não somente desenvolver um estudo acadêmico sobre elas, mas também esmiuçar a utilização delas no exercício da profissão.

Conforme você pôde observar, nosso trabalho, subdividido em quatro capítulos, contemplou desde a fase do atendimento ao cliente, que envolve os atos iniciais de contrato, até a elaboração de peças especiais utilizadas na prática forense trabalhista. Esperamos, assim, ter contribuído com a prática cotidiana daqueles que atuam na área jurídica trabalhista.

Lista de siglas

ACT – Acordo Coletivo de Trabalho
ADC – Ação Declaratória de Constitucionalidade
ADCT – Ato das Disposições Constitucionais Transitórias
ADI – Ação Declaratória de Inconstitucionalidade
CC – Código Civil
CCT – Convenção Coletiva de Trabalho
CLT – Consolidação das Leis do Trabalho
CF – Constituição Federal
CPC – Código de Processo Civil
CPF – Cadastro de Pessoa Física
CTPS – Carteira de Trabalho e Previdência Social

FGTS – Fundo de Garantia do Tempo de Serviço
MTE – Ministério do Trabalho e Emprego
NCPC – Novo Código de Processo Civil
OJ – Orientação Jurisprudencial
OIT – Organização Internacional do Trabalho
ONU – Organização das Nações Unidas
PJe – Processo Judicial Eletrônico
PIS – Programa de Integração Social
REED – Recurso Extraordinário e Embargos de Declaração
RG – Registro Geral
SBDI I – Subseção I Especializada em Dissídios Individuais
SDC – Seção de Dissídios Coletivos
STF – Supremo Tribunal Federal
TRCT – Termo de Rescisão de Contrato de Trabalho
TST – Tribunal Superior do Trabalho

Referências

ALMEIDA, A. P. de. **Curso prático de processo do trabalho**. 26. ed. São Paulo: Saraiva, 2020.

BEGALLES, C. A. **Curso de execução trabalhista**. São Paulo: LTr, 2020.

BRASIL. Constituição (1988). **Diário Oficial da União**, Brasília, DF, 5 out. 1988. Disponível em: <http://www.planalto.gov.br/ccivil_03/constituicao/constituicaocompilado.htm>. Acesso em: 30 maio 2021.

BRASIL. Decreto-lei n. 779, de 21 de agosto de 1969. Dispõe sôbre a aplicação de normas processuais trabalhistas à União Federal, aos Estados, Municípios, Distrito Federal e Autarquias ou Fundações de direito público que não explorem atividade econômica. **Diário Oficial da União**, Poder Executivo, Brasília, DF, 21 ago. 1969. Disponível em: <http://www.planalto.gov.br/ccivil_03/decreto-lei/del0779.htm>. Acesso em: 30 maio 2021.

BRASIL. Decreto-lei n. 5.452, de 1º de maio de 1943. Consolidação das Leis do Trabalho. **Diário Oficial da União**, Poder Executivo, Rio de Janeiro, RJ, 9 ago. 1943. Disponível em: <http://www.planalto.gov.br/ccivil_03/decreto-lei/del5452compilado.htm>. Acesso em: 30 maio 2021.

BRASIL. Lei n. 5.584, de 26 de junho de 1970. Dispõe sobre normas de Direito Processual do Trabalho, altera dispositivos da Consolidação das Leis do Trabalho, disciplina a concessão e prestação de assistência judiciária na Justiça do Trabalho, e dá outras providências. **Diário Oficial da União**, Poder Legislativo, Brasília, DF, 29 jun. 1971. Disponível em: <http://www.planalto.gov.br/ccivil_03/leis/l5584.htm>. Acesso em: 30 maio 2021.

BRASIL. Lei n. 8.906, de 4 de julho de 1994. Estatuto da Advocacia e a Ordem dos Advogados do Brasil (OAB). **Diário Oficial da União**, Brasília, DF, Poder Legislativo, 5 jul. 1994. Disponível em: <http://www.planalto.gov.br/ccivil_03/leis/l8906.htm>. Acesso em: 30 maio 2021.

BRASIL. Lei n. 9.957, de 12 de janeiro de 2000. Acrescenta dispositivos à Consolidação das Leis do Trabalho, aprovada pelo Decreto-Lei n. 5.452, de 1º de maio de 1943, instituindo o procedimento sumaríssimo no processo trabalhista. **Diário Oficial da União**, Poder Executivo, Brasília, DF, 13 jan. 2000. Disponível em: <http://www.planalto.gov.br/ccivil_03/leis/l9957.htm>. Acesso em: 30 maio 2021.

BRASIL. Lei n. 10.192, de 14 de fevereiro de 2001. **Diário Oficial da União**, Poder Legislativo, Brasília, DF, 16 fev. 2001a. Disponível em: <http://www.planalto.gov.br/ccivil_03/leis/leis_2001/l10192.htm>. Acesso em: 30 maio 2021.

BRASIL. Lei n. 10.220, de 11 de abril de 2001. **Diário Oficial da União**, Poder Legislativo, Brasília, DF, 12 abr. 2001b. Disponível em: <http://www.planalto.gov.br/ccivil_03/leis/leis_2001/l10220.htm>. Acesso em: 30 maio 2021.

BRASIL. Lei n. 10.406, de 10 de janeiro de 2002. Institui o Código Civil. **Diário Oficial da União**, Poder Legislativo, Brasília, DF, 11 jan. 2002. Disponível em: <https://www.planalto.gov.br/ccivil_03/leis/2002/l10406.htm>. Acesso em: 30 maio 2021.

BRASIL. Lei n. 12.016, de 7 de agosto de 2009. Disciplina o mandado de segurança individual e coletivo e dá outras providências. **Diário Oficial da União**, Poder Executivo, Brasília, DF, 10 ago. 2009. Disponível em: <http://www.planalto.gov.br/ccivil_03/_ato2007-2010/2009/lei/l12016.htm>. Acesso em: 30 maio 2021.

BRASIL. Lei n. 13.105, de 16 de março de 2015. Código de Processo Civil. **Diário Oficial da União**, Poder Legislativo, Brasília, DF, 17 mar. 2015. Disponível em: <http://www.planalto.gov.br/ccivil_03/_ato2015-2018/2015/lei/l13105.htm>. Acesso em: 30 maio 2021.

BRASIL. Lei n. 13.467, de 13 de julho de 2017. Altera a Consolidação das Leis do Trabalho (CLT), aprovada pelo Decreto-Lei nº 5.452, de 1º de maio de 1943, e as Leis n º 6.019, de 3 de janeiro de 1974, 8.036, de 11 de maio de 1990, e 8.212, de 24 de julho de 1991, a fim de adequar a legislação às novas relações de trabalho. **Diário Oficial da União**, Poder Legislativo, Brasília, DF, 14 jul. 2017a. Disponível em: <http://www.planalto.gov.br/ccivil_03/_ato2015-2018/2017/lei/L13467.htm>. Acesso em: 30 maio 2021.

BRASIL. Tribunal Superior do Trabalho. Orientação Jurisprudencial SBDI-2 n. 78. **Diário Eletrônico da Justiça do Trabalho**, 24 abr. 2016. Disponível em: <https://www3.tst.jus.br/jurisprudencia/OJ_SDI_2/n_S5_61.htm#tema78>. Acesso em: 30 maio 2021.

BRASIL. Tribunal Superior do Trabalho. Orientação Jurisprudencial SBDI-2 n. 149. **Diário Eletrônico da Justiça do Trabalho**, 5 dez. 2008a. Disponível em: <https://www3.tst.jus.br/jurisprudencia/OJ_SDI_2/n_S6_141.htm#tema149>. Acesso em: 30 maio 2021.

BRASIL. Tribunal Superior do Trabalho. Orientação Jurisprudencial SBDI-2 n. 152. **Diário Eletrônico da Justiça do Trabalho**, 2008b. Disponível em: <https://www3.tst.jus.br/jurisprudencia/OJ_SDI_2/n_S6_141.htm#tema152>. Acesso em: 30 maio 2021.

BRASIL. Tribunal Superior do Trabalho. **Súmulas da Jurisprudência Uniforme do Tribunal Superior do Trabalho**, 18 set. 2017c. Disponível em: <https://www.tst.jus.br/web/guest/sumulas>. Acesso em: 30 maio 2021.

BRASIL. Superior Tribunal Federal. **Ação Direta de Inconstitucionalidade n. 6.002/DF**. 2020. Disponível em: <http://portal.stf.jus.br/processos/detalhe.asp?incidente=5537399>. Acesso em: 30 maio 2021.

BRASIL. Supremo Tribunal Federal. **Súmulas**. 24 out. 2017b. Disponível em: <http://portal.stf.jus.br/textos/verTexto.asp?servico=jurisprudenciaSumula>. Acesso em: 30 maio 2021.

CSTJ – Conselho Superior da Justiça do Trabalho. Resolução n. 136, de 4 de maio de 2014. Institui o Sistema Processo Judicial Eletrônico da Justiça do Trabalho – PJe-JT. **Diário Eletrônico da Justiça do Trabalho**, 14 maio 2014. Disponível em: <http://www.csjt.jus.br/c/document_library/get_file?uuid=8722e5f0-edb7-4507-9dcf-615403790f7c&groupId=955023>. Acesso em: 30 maio 2021.

FERREIRA, J. N. F.; PESSOA, C. J. D. Q. **Direito processual do trabalho**. 8. ed. São Paulo: Grupo GEN, 2018.

HOUAISS. **Dicionário Eletrônico Língua Portuguesa**. Versão 3.0. Rio de Janeiro: Objetiva, jun. 2009.

JORGE NETO, F. F. CAVALCANTE, J. de Q. P. **Direito processual do trabalho**. 8. ed. São Paulo: Atlas, 2018.

LEITE, C. H. B. **Curso de direito processual do trabalho**. 16. ed. São Paulo: Saraiva, 2018.

MALTA, C. P. T. **Prática do processo trabalhista**. 21. ed. São Paulo: LTr, 1991.

MARTINS, S. P. **Direito processual do trabalho**. 42. ed. São Paulo: Saraiva Educação, 2020.

MEIRELLES, H. L. **Mandado de segurança e ação popular**. 9. ed. São Paulo, Revista dos Tribunais, 1983.

MENDES, G. F.; BRANCO, P. G. **Curso de direito constitucional**. 15. ed. São Paulo: Saraiva Educação, 2020.

MILHOMENS, J. **Dos recursos cíveis**. Rio de Janeiro: Forense, 1991.

SANTOS, E. R. dos; HAJEL FILHO, R. A. B. **Curso de direito processual do trabalho**. 2. ed. São Paulo: Atlas, 2018.

TEIXEIRA FILHO, M. A. **Curso de direito processual do trabalho**. São Paulo: LTr, 2009. v. II.

TST – Tribunal Superior do Trabalho. Regimento Interno do Tribunal Superior do Trabalho. Resolução Administrativa n. 1.937, de 20 de novembro de 2017. **Diário Eletrônico da Justiça do Trabalho**, 24 nov. 2017. Disponível em: <https://www.tst.jus.br/documents/10157/2374827/Novo+Regimento+Interno.pdf/40430142-bcd9-cecd-8d28-571d94a966ea>. Acesso em: 30 maio 2021.

TRT4 – Tribunal Regional do Trabalho da 4ª Região. Justiça do Trabalho. **Como tramita um processo**. Disponível em: <https://www.trt4.jus.br/portais/trt4/como-tramita>. Acesso em: 30 maio 2021.

TRT7 – Tribunal Regional do Trabalho da 7ª Região. Jornada de Direito Material e Processual na Justiça do Trabalho. **Compilação dos enunciados aprovados desde a 1ª Jornada**. 2015-2017. Disponível em: <https://www.trt7.jus.br/escolajudicial/arquivos/files/busca/2017/Enunciados_aprovados_2015_e_2017.pdf>. Acesso em: 30 maio 2021.

Sobre os autores

Ronald Silka de Almeida é mestre em Direito pela Faculdades Integradas do Brasil (UniBrasil), tem aperfeiçoamento em Direito do Trabalho e Processual do Trabalho pela Universidade Sapienza, Roma (2017). É pós-graduado em Formação Pedagógica do Professor Universitário pela PUC-PR (2006) e também em Direito Material e Processual do Trabalho pela PUCPR (2005). Tem graduação em Direito pela Faculdade de Direito de Curitiba (1986). É professor convidado dos cursos de Pós-Graduação em Direito Material e Processual do Trabalho PUCPR; de Pós--Graduação em Direito Previdenciário e do Trabalho da Faculdade Estácio; de MBA em Legislação Trabalhista e Previdenciária na Facet-PR e de Pós-Graduação em Direitos e Processos do Trabalho e Previdenciário na ABDCONST. Atua como professor de Direito do Trabalho, Processo do Trabalho, Direito Previdenciário, Direitos Humanos e Democracia e é coordenador de Prática Jurídica no Centro Universitário Internacional de Curitiba (Uninter). Participou como pesquisador do Grupo de Pesquisa Pátrias da UniBrasil-PR e foi diretor da Associação dos Advogados Trabalhistas do Paraná de 2009 a 2015. É membro do Instituto dos Advogados do Paraná (IAP), tendo experiência na área de direito com ênfase em Direito do Trabalho. É autor das seguintes obras:

- ALMEIDA, R. S. **Estado constitucional e a efetivação do desenvolvimento sustentável.** Curitiba: Instituto Memória Editora, 2018.
- ALMEIDA, R. S.; VILLATORE, M. A. C. **Duração do trabalho e controle de horário:** registro eletrônico de ponto (REP) – sistema de registro eletrônico de ponto (SREP) – disciplinamentos. São Paulo: LTr, 2011.

Tatiana Lazzaretti Zempulski é graduada em Direito pela Universidade Estadual de Ponta Grossa (UEPG), mestre em Direito Empresarial e Cidadania pelo Centro Universitário Curitiba (UniCuritiba), especialista em Direito do Trabalho pela PUCPR. Cursou aperfeiçoamento em Direito do Trabalho e Processual do Trabalho pela Universidade Sapienza, em Roma. É professora convidada do Curso de Especialização em Direito e

Processo do Trabalho da ABDCONST, professora adjunta do curso de Graduação em Direito pela Uniopet e professora do curso de graduação em Direito do Centro Universitário Internacional Uninter. É também advogada especialista em Direito do Trabalho.

Os papéis utilizados neste livro, certificados por instituições ambientais competentes, são recicláveis, provenientes de fontes renováveis e, portanto, um meio **respons**ável e natural de informação e conhecimento.

FSC MISTO
Papel produzido a partir de fontes responsáveis
FSC® C103535

Impressão: Reproset
Fevereiro/2023